plurall

Esta obra está no **Plurall**.
Baixe o app no seu celular
ou acesse **http://plurall.net**
e descubra uma nova
forma de estudar!

AAAFVJM3T

Atenção! Somente serão liberados conteúdos
e serviços relacionados a esta obra.

Ajuda: @plurallnet

47056_04 - 2553

SOMOS
EDUCAÇÃO

6

TODOS OS JEITOS DE CRER

VIDAS

Dora Incontri

Jornalista, doutora e pós-doutora em Educação pela Universidade de São Paulo, professora universitária, coordenadora da Universidade Livre Pampédia.

Alessandro Cesar Bigheto

Graduado em Pedagogia e em Filosofia, mestre em História e Filosofia da Educação pela Universidade Estadual de Campinas, professor universitário.

editora ática

editora ática

Direção geral: Guilherme Luz
Direção editorial: Luiz Tonolli e Renata Mascarenhas
Gestão de projeto editorial: Mirian Senra
Gestão e coordenação de área: Wagner Nicaretta (ger.) e Brunna Paulussi (coord.)
Edição: Andréia Szcypula, André Luiz Botelho Fonseca (assist.)
Gerência de produção editorial: Ricardo de Gan Braga
Planejamento e controle de produção: Paula Godo, Roseli Said e Marcos Toledo
Revisão: Hélia de Jesus Gonsaga (ger.), Kátia Scaff Marques (coord.), Rosângela Muricy (coord.), Ana Paula C. Malfa, Brenda T. M. Morais, Carlos Eduardo Sigrist, Celina I. Fugyama, Cesar G. Sacramento, Gabriela M. Andrade, Larissa Vazquez, Patrícia Travanca, Paula T. de Jesus; Amanda Teixeira Silva e Bárbara de Melo Genereze (estagiárias)
Arte: Daniela Amaral (ger.), Claudio Faustino (coord.), Daniele Fátima Oliveira (edição de arte)
Diagramação: Select Editoração
Iconografia: Sílvio Kligin (ger.), Denise Durand Kremer (coord.), Iron Mantovanello (pesquisa iconográfica)
Licenciamento de conteúdos de terceiros: Thiago Fontana (coord.), Liliane Rodrigues (licenciamento de textos), Erika Ramires, Luciana Pedrosa Bierbauer, Luciana Cardoso Sousa e Claudia Rodrigues (analistas adm.)
Tratamento de imagem: Cesar Wolf, Fernanda Crevin
Cartografia: Eric Fuzii (coord.), Robson Rosendo da Rocha (edit. arte)
Design: Gláucia Correa Koller (ger.), Adilson Casarotti (proj. gráfico e capa)

Avenida das Nações Unidas, 7221, 3º andar, Setor A
Pinheiros – São Paulo – SP – CEP 05425-902
Tel.: 4003-3061
www.atica.com.br / editora@atica.com.br

Dados Internacionais de Catalogação na Publicação (CIP)
(Câmara Brasileira do Livro, SP, Brasil)

Incontri, Dora
Todos os jeitos de crer 6º ano vidas / Dora Incontri, Alessandro Cesar Bigheto. -- 3. ed. -- São Paulo : Ática, 2018.

Suplementado pelo manual do professor.
Bibliografia.
ISBN 978-85-08-19005-8 (aluno)
ISBN 978-85-08-19006-5 (professor)

1. Ensino Religioso (Ensino fundamental)
I. Bigheto, Alessandro Cesar. II. Título.

18-17215 CDD-377.1

Índices para catálogo sistemático:
1. Religião : Ensino fundamental 377.1

Maria Alice Ferreira - Bibliotecária - CRB-8/7964

2018
Código da obra CL 740199
CAE 627945 (AL) / 627946 (PR)
3ª edição
1ª impressão

Impressão e acabamento: Bercrom Gráfica e Editora

Uma publicação SOMOS EDUCAÇÃO

Apresentação

Querido aluno

Esta coleção, que foi elaborada com muita pesquisa, reflexão e fé, pretende aproximar você do que há de mais belo, profundo e elevado nas religiões do planeta. Pretende, igualmente, ajudá-lo a pensar criticamente sobre os anseios e os problemas humanos.

Há verdades em toda parte – e o divino se manifesta entre todos os povos –, mas há também abusos humanos em toda parte – e muitas guerras, violências e tolices já foram praticadas em nome da religião. Por isso é tão importante respeitar todas as formas de fé, mantendo-se alerta para não cair em posturas de fanatismo e intolerância.

Este livro é especial em muitos aspectos, entre os quais destacamos:

- **o conteúdo** – pela diversidade de informações. Não pretendemos convencê-lo a seguir essa ou aquela fé. Queremos, isto sim, que você se aprofunde no conhecimento de sua própria religião e, ao mesmo tempo, conheça e respeite a crença dos outros – o mesmo vale para aqueles que não professam nenhuma fé.
- **o formato** – pela riqueza de temas, abordagens e atividades. O professor pode selecionar algumas propostas e você pode sugerir outras. É possível estudar os capítulos em uma ordem diferente da que está no livro: você tem a oportunidade de fazer acordos com o professor sobre o que estudar primeiro, desde que respeite as ponderações e os interesses da maioria.
- **a interdisciplinaridade** – pela variedade de áreas do conhecimento abordadas. O objetivo não é refletir apenas sobre as religiões, mas também sobre História, Arte, Política, Filosofia, Ciências e muitos outros temas.

Volume 6: Vidas – apresenta como enfoque principal as grandes personalidades que fundaram religiões ou viveram sua fé de maneira exemplar.

Esperamos que este material seja útil e agradável, mas especialmente que o leve a pensar sobre as questões fundamentais da existência, com amor, otimismo e fé.

Com carinho,

Dora e Alessandro

Por dentro do seu livro

Organizados em quinze capítulos, os livros desta coleção contam com grande variedade de seções. Além da riqueza informativa, ao folheá-los perceberá que também se diferenciam pelo requinte visual: diversas imagens, de todos os campos de estudo, cuidadosamente selecionadas para facilitar seu aprendizado. Neste volume, você terá:

Texto principal com o conteúdo que julgamos indispensável você conhecer sobre cada tema.

Seção **Bebendo na fonte...**: oportunidade para você entrar em contato com os textos originais dos autores e dos livros citados ao longo de cada capítulo.
Sempre que o texto apresenta termos que não fazem parte do seu cotidiano, você encontra seu significado próximo ao termo, para facilitar a compreensão do conteúdo.

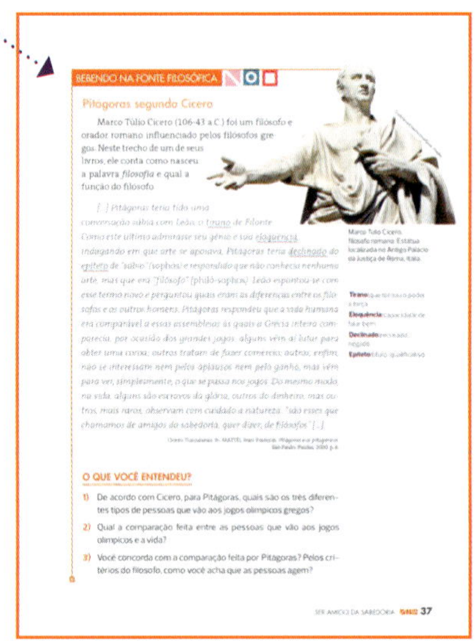

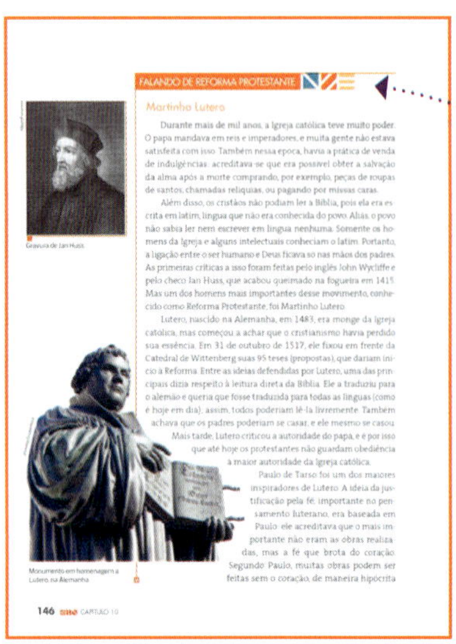

Seção **Falando de...**: uma ampliação do tema tratado no capítulo. Por meio dela, fazemos pontes com os mais variados assuntos. Por isso seu título varia: **Falando de História**, **Falando de Filosofia**, **Falando de Sociedade**, etc.

Seções **De olho no Brasil** e **De olho no mundo**: informações sobre atualidades relacionadas ao tema do capítulo, proporcionando uma visão mais abrangente de cada tema.

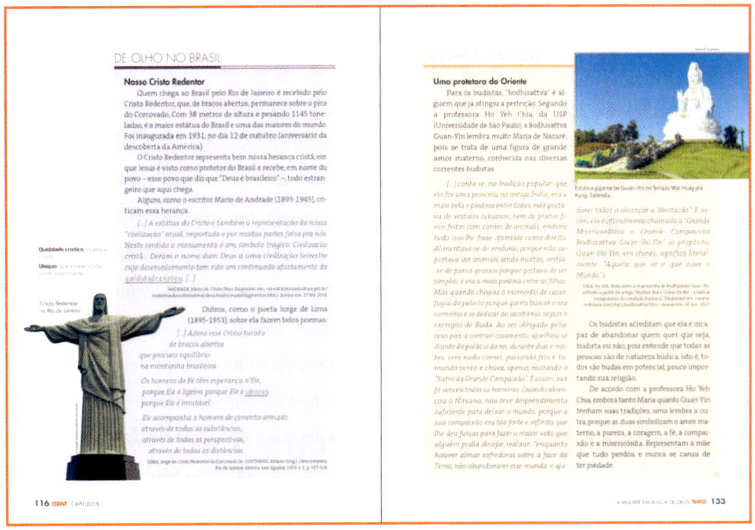
DE OLHO NO BRASIL

Nosso Cristo Redentor

Uma protetora do Oriente

Seções de atividades bastante variadas, com propostas como expressão escrita, argumentação oral, dramatizações, pesquisas, debates, entrevistas, etc. Constante estímulo ao autoconhecimento, à reflexão e ao respeito mútuo.

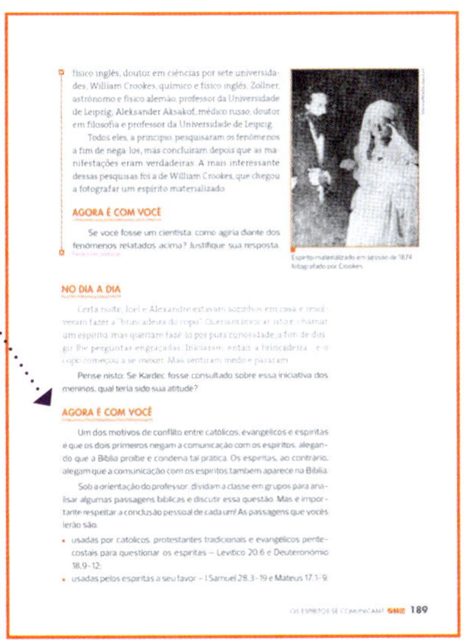
AGORA É COM VOCÊ

NO DIA A DIA

AGORA É COM VOCÊ

SESSÃO DE CINEMA

Jesus de Nazaré

SESSÃO DE LEITURA

O moço do monte azul

[...] Amarás o Senhor, teu Deus, com todo o teu coração, com toda a tua alma e com todo o entendimento! Esse é o maior e o primeiro mandamento. Ora, o segundo lhe é semelhante a esse: Amarás teu próximo como a ti mesmo.

Seções com dicas que misturam estudo e lazer: **Sessão de cinema**; **Sessão de leitura**; **Sessão de música**. Em cada uma você encontra perguntas que guiam a sua experiência, tornando possível absorver ainda mais o conhecimento.

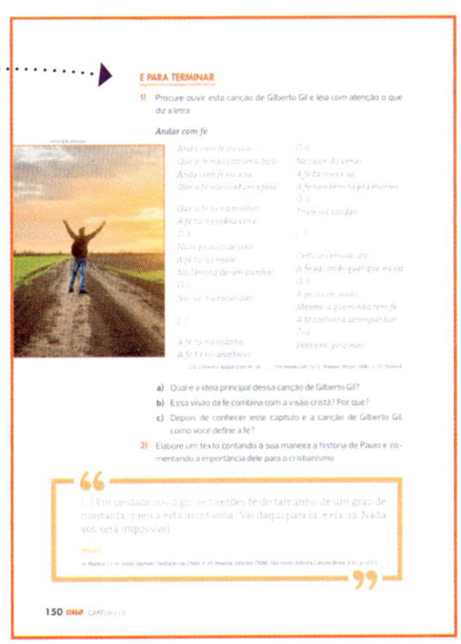
E PARA TERMINAR

Andar com fé

Seção **E para terminar**: exercícios para fixar melhor o conteúdo exposto no capítulo. Além disso, você entra em contato com textos ou orações de diversas tradições religiosas e filosóficas, ampliando ainda mais o contato com aquilo que outras pessoas pensam e acreditam.

Sumário

De Agostini/Getty Images

CAPÍTULO 6

Pensando sobre o bem e o mal

CAPÍTULO 7

Deus como pai

CAPÍTULO 8

Uma nova ética

CAPÍTULO 9

A mulher em busca de Deus

CAPÍTULO 10

A fé que move montanhas

Vitaly Minko/Shutterstock

CAPÍTULO 11

Em nome de Alá

CAPÍTULO 12

A poesia da natureza

CAPÍTULO 13

Os espíritos se comunicam?

CAPÍTULO 14

A desobediência ao mal

CAPÍTULO 15

Todos somos iguais

Valdir Oliveira/Fotoarena

1
Cada um com sua crença

Em que todo mundo acredita?

Todo mundo acredita em alguma coisa. Mesmo as pessoas que dizem não ter fé acreditam em algo. Certamente você também. Aquilo em que acreditamos faz parte do que somos. Por exemplo, se acreditamos no bem, procuramos ser bons. Por isso é tão importante conhecer todas as crenças, saber bem qual delas é a nossa e agir de acordo com aquilo em que acreditamos.

Neste livro, vamos falar de crenças e de pessoas que viveram sua fé com sinceridade e amor. Vamos falar também de pessoas que até iniciaram novas formas de fé.

Conhecendo esses seres humanos especiais e os valores que praticavam, você terá condições de pensar melhor na sua própria fé, se você tiver alguma, e sempre respeitar mais a fé dos outros.

Reprodução/L'Osservatore Romano

Líderes de diversas religiões reunidos no Vaticano para firmar um compromisso contra toda forma de escravidão, em 2014.

AGORA É COM VOCÊ

Sob a orientação do professor, pesquisem na classe a religião de cada um. Descubram todas as religiões seguidas pela turma... sem torcer o nariz para nenhuma delas! E anotem também aqueles que não têm uma religião específica ou que não acreditam em nada. Perguntem e ouçam com todo o respeito, seja qual for a resposta. (Se quiserem, façam essa pesquisa também com os professores.)

- Montem um mural com as religiões seguidas pela turma e o número de alunos correspondente a cada uma delas para expor na sala de aula.
- Vocês certamente notarão que há religiões com mais seguidores e religiões com menos seguidores e há aqueles que não seguem nenhuma religião. Mas todos têm direito a seguir a sua própria fé, mesmo que haja uma só pessoa de uma religião, e também têm o direito de não ter nenhuma religião, e esse direito é assegurado pela lei e reconhecido internacionalmente.

BEBENDO NA FONTE DOS DIREITOS HUMANOS

A Declaração Universal dos Direitos Humanos

Há direitos e deveres do seres humanos considerados válidos para todos pela maioria dos povos hoje em dia. São como leis ou princípios que todas as pessoas do mundo são convidadas a seguir para terem um bom convívio. Esses princípios estão reunidos na Declaração Universal dos Direitos Humanos. Vamos ler alguns trechos dela.

Artigo I – Todas as pessoas nascem livres e iguais em dignidade e direitos. São dotadas de razão e consciência e devem agir em relação umas às outras com espírito de fraternidade.

Artigo II – Toda pessoa tem capacidade para gozar os direitos e as liberdades estabelecidas nesta Declaração, sem distinção de qualquer espécie, seja de raça, cor, sexo, língua, religião, opinião política ou de outra natureza, origem nacional ou social, riqueza, nascimento, ou qualquer outra condição. [...]

Artigo XVIII – Toda pessoa tem direito à liberdade de pensamento, consciência e religião; este direito inclui a liberdade de mudar de religião ou crença e a liberdade de manifestar essa religião ou crença, pelo ensino, pela prática, pelo culto e pela observância, isolada ou coletivamente, em público ou em particular.

Artigo XIX – Toda pessoa tem direito à liberdade de opinião e expressão; este direito inclui a liberdade de, sem interferência, ter opiniões e de procurar, receber e transmitir informações e ideias por quaisquer meios e independentemente de fronteiras.

Declaração Universal dos Direitos Humanos. Disponível em: <www.direitoshumanos.usp.br/index.php/Declaração-Universal-dos-Direitos-Humanos/declaracao-universal-dos-direitos-humanos.html>. Acesso em: 9 set. 2017.

Declaração Universal dos Direitos Humanos: um dos documentos mais importantes da História, adotado pela ONU (Organização das Nações Unidas) no dia 10 de dezembro de 1948 (portanto, após a Segunda Guerra Mundial) e assinado por diversas nações, entre as quais o Brasil, proclamando princípios e leis que valem para todos os povos.

Crianças lendo a Declaração Universal dos Direitos Humanos (DUDH), pouco após sua adoção.

O QUE VOCÊ ENTENDEU?

1) Escolha dois direitos citados anteriormente que você julgue mais importantes e relacione-os com a sua vida e com a sociedade de hoje.

2) Escreva com suas palavras qual o significado do artigo I e compare o que ele diz com a realidade social em que vivemos.

3) Releia o artigo XVIII da Declaração. As pessoas também têm direito a não ter religião nenhuma? Por quê?

Para que serve a religião?

Desde que existe no mundo, o ser humano sempre teve algum tipo de religião. Deuses, espíritos, forças da natureza – em todos os tempos, a humanidade acreditou em alguma coisa.

Mas o que é uma religião? Será que é possível achar uma só forma de explicar algo tão complexo e rico?

Podemos seguir algumas pistas. Por exemplo, geralmente as pessoas procuram na religião a resposta a certas perguntas muito difíceis, mas que todo ser humano gostaria de ver respondidas: Por que existe o mundo? Quem criou o Universo? Para que nascemos? Existe vida depois da morte?, entre outras perguntas existenciais.

As religiões possibilitam que as pessoas se relacionem com forças ou seres que elas não veem, mas nos quais acreditam: deuses, espíritos, entidades ou então um único Deus – como é o caso do judaísmo, do cristianismo e do islamismo, por isso chamados de religiões monoteístas.

Monoteístas: religiões que seguem o monoteísmo, isto é, a crença na existência de um único Deus. É o caso do cristianismo, do judaísmo e do islamismo.

Muitas vezes as pessoas sentem medo; outras vezes, experimentam amor, adoração, emoção para com algo invisível. Sentem que, além daquilo que podem ver, ouvir e tocar, existe esse "algo". É esse "algo" – misterioso e comovente – que faz parte das religiões.

O mais importante de tudo é que geralmente as religiões nos ensinam uma forma melhor de viver. Elas nos dão princípios. Solidariedade, amor ao próximo, piedade e justiça, por exemplo, são ideias que as religiões propõem. Podemos, então, dizer que as religiões em geral ensinam ao ser humano que ele é capaz de melhorar, ser mais feliz, conquistar a si mesmo e ser mais solidário com o outro!

Omer Yasin Ergin/Anadolu Agency/Getty Images

Caridade e doação fazem parte do ritual do Ramadã, praticado pelos muçulmanos. Camarões, 2016.

Você pode pensar: mas tantas vezes aconteceram e ainda acontecem terríveis guerras religiosas; tanta gente matou e ainda mata em nome da religião! Ou você pode, ainda, lembrar-se de alguém que segue uma religião e mesmo assim é uma pessoa que pratica atos maus e desonestos.

Será que isso quer dizer que as religiões são ruins? Não; de modo algum! É que às vezes as pessoas estragam as coisas mais sagradas. A responsabilidade é delas, e não das religiões.

Neste livro, você vai conhecer personalidades que viveram de verdade uma fé, com justiça, sabedoria e amor. Seu exemplo nos mostra que é possível ao ser humano ser bom.

Algumas das pessoas de quem falaremos fundaram religiões: é o caso de Jesus, Buda e Maomé. Outras apenas seguiram alguma religião, mas assumiram tão bem a sua fé que vale a pena inspirar-se nelas.

Gali Tibbon/Agência France-Presse

Mulheres muçulmanas, judias e cristãs participam de encontro pela paz em Israel, em 2017.

O X DA QUESTÃO

1) Você considera a religião importante para o ser humano? Justifique sua resposta.

2) Pense em alguém que você conhece e que, na sua opinião, vive bem a religião que segue. Como essa pessoa demonstra sua fé?

FALANDO DE HISTÓRIA

Raízes religiosas do Brasil

Antes da chegada dos portugueses às terras onde hoje é o Brasil, aqui já estavam os indígenas, que tinham suas crenças e rituais diferentes dos europeus.

Os portugueses trouxeram a religião católica com os missionários jesuítas, como os padres José de Anchieta e Manuel da Nóbrega. Pouco depois, os africanos foram trazidos da África como escravos, também com todos os seus costumes e crenças muito variados de acordo com sua etnia.

Jesuítas: missionários da ordem Companhia de Jesus, ligada à Igreja católica e fundada em 1534 por Inácio de Loyola.

Anos mais tarde, aportaram aqui populações de outros países (alemães, japoneses, italianos, árabes, etc.), e vários desses grupos trouxeram outras formas de religião e outras igrejas.

Mesmo com toda a diversidade de crenças existente no Brasil, durante muito tempo quem não fosse católico era malvisto e até perseguido. Hoje, estamos aprendendo a conviver em paz e com respeito, mas ainda há discriminação e é preciso sempre combater todas as formas de perseguição religiosa, pois a liberdade de culto é um dos princípios mais importantes das leis brasileiras e internacionais.

Cerimônia divina e dança (1630), gravura de Zacharias Wagener. O calundu era uma das religiões praticadas pela etnia africana banto, cuja parte da população foi obrigada a vir para o Brasil como escrava.

A poesia e os índios

O poeta Castro Alves, no século XIX, admirava a coragem dos jesuítas, que vinham ao Brasil com o ideal de pregar a fé cristã aos indígenas. Leia o trecho de um de seus poemas:

O martírio, o deserto, o cardo, o espinho,
A pedra, a serpe do sertão maninho,
A fome, o frio, a dor,
Os insetos, os rios, as lianas,
Chuvas, miasmas, setas e savanas,

Horror e mais horror...
Nada turbava aquelas frontes calmas,
Nada curvava aquelas grandes almas
Voltadas pra amplidão...
No entanto eles só tinham na jornada
Por couraça — a sotaina esfarrapada...
E uma cruz — por bordão.

CASTRO ALVES, Antônio de. Jesuítas. In: *Espumas flutuantes*. Disponível em: <www.dominiopublico.gov.br/download/texto/bn000006.pdf>. Acesso em: 5 fev. 2018.

Martírio: sofrimento.
Cardo: planta de folhas espinhosas.
Serpe: serpente.
Maninho: selvagem.
Lianas: trepadeiras semelhantes a cipó.
Miasmas: podridões.
Savanas: planícies de regiões tropicais.
Couraça: armadura.
Sotaina: batina de padre.
Bordão: bastão para apoio.

Os jesuítas queriam ensinar os indígenas sobre Jesus e não lhes faziam mal, mas havia com eles homens que guerreavam e escravizavam os nativos – e algumas vezes os religiosos não ofereceram a oposição que deveriam. Hoje, muita gente critica essa postura dos jesuítas, embora reconheça sua importância como primeiros educadores que atuaram no Brasil. Hoje até mesmo se questiona se eles tinham esse direito de catequizar os indígenas, arrancando-lhes as suas crenças originais.

A *primeira missa no Brasil*, 1860, de Victor Meirelles. A obra retrata a primeira missa no Brasil a partir da descrição na carta de Pero Vaz de Caminha enviada ao rei de Portugal, D. Manuel I.

Rômulo Fialdini/Museu Nacional de Belas Artes, Rio de Janeiro, RJ

Veja no trecho abaixo como outro poeta da mesma época de Castro Alves, Gonçalves Dias, imaginou os índios orando a Tupã, principal divindade tupi-guarani, para se queixar dos brancos que chegaram e destruíram suas tribos.

Tupã, ó Deus grande! teu rosto descobre:
Bastante sofremos com tua vingança!
Já lágrimas tristes choraram teus filhos
Teus filhos que choram tão grande mudança.

GONÇALVES DIAS, A. Deprecação. In: *Primeiros cantos*. Disponível em: <www.dominiopublico.gov.br/download/texto/ua00119a.pdf>. Acesso em: 5 fev. 2018.

Deprecação: súplica.

O candomblé brasileiro

Quando os africanos foram obrigados a vir para o Brasil, trouxeram consigo suas crenças e tradições. Mas muitas vezes eles foram proibidos de cultivar sua fé. Um grande estudioso do candomblé no Brasil foi o francês Roger Bastide, que percorreu o país pesquisando o assunto, nas décadas de 1940 e 1950. Ele conta que:

[...] A África decalcou-se em várias partes do Brasil e se essas partes podem ser sobrepostas é que no lugar em que o acaso do tráfico o lançou, cada negro permaneceu fiel às normas e aos valores de seus antepassados.

BASTIDE, Roger. *As religiões africanas no Brasil*. São Paulo: Pioneira, 1985, p. 286.

Povos iorubás, daometanos, bantos e outros, cada qual com suas tradições. Segundo Bastide, era possível, pelo menos na época em que ele pesquisou o assunto no Brasil, distinguir de qual etnia descendia uma casa de candomblé pela batida do tambor e pelo idioma dos cânticos.

Cerimônia para Oxalufã, de Carybe (1911-1997). O pintor argentino, radicado no Brasil, retratou imagens do Candomblé na Bahia.

BEBENDO NA FONTE DA CONSTITUIÇÃO

A Constituição e as religiões

Hoje em dia, a lei brasileira garante o respeito a todas as religiões e culturas. Veja o que diz a nossa Constituição, promulgada em 5 de outubro de 1988:

VI – é inviolável a liberdade de consciência e de crença, sendo assegurado o livre exercício dos cultos religiosos e garantida, na forma da lei, a proteção aos locais de culto e a suas liturgias; [...]

Constituição da República Federativa do Brasil. Disponível em: <http://legis.senado.leg.br/>. Acesso em: 11 set. 2017.

Constituição: Carta Magna, conjunto das leis mais importantes de um país, que garantem os direitos fundamentais de um povo.

Inviolável: acima da justiça, protegido.

O QUE VOCÊ ENTENDEU?

1) Que direitos o inciso VI do artigo 5º da Constituição brasileira garante ao cidadão?

2) Procure no dicionário e explique o que significam os termos *culto* e *liturgia*.

DE OLHO NO BRASIL

As religiões em nosso país

A pesquisa realizada pelo IBGE (Instituto Brasileiro de Geografia e Estatística) em 2010 apontou que o Brasil ainda é a nação mais católica do mundo, somando um pouco mais de 123 milhões de adeptos, o que significa em torno de 64,6% da população. É, ainda, o segundo país em número de protestantes do mundo, ficando atrás apenas dos Estados Unidos. Hoje a religião que mais cresce no Brasil é o protestantismo, com as igrejas evangélicas pentecostais. Os evangélicos representam cerca de 22% da população.

No Brasil está também o maior número de espíritas kardecistas, seguidores da doutrina que nasceu na França no século XIX, com Allan Kardec. Conforme a pesquisa do IBGE, o espiritismo aparece como a terceira maior religião brasileira, somando aproximadamente 2% do total da população, com quase 4 milhões de adeptos.

Sincretismo religioso: mistura de elementos e crenças religiosas diferentes.

Nosso país tem, ainda, uma religião originada aqui: a umbanda. Trata-se de um exemplo de sincretismo religioso entre catolicismo, cultos africanos – como o candomblé –, raízes indígenas e práticas do espiritismo de Kardec.

Segundo a pesquisa, 90% dos brasileiros vão à igreja, a cultos ou a serviços religiosos. O que chama a atenção na pesquisa é que 17% da população brasileira participa de mais de uma denominação religiosa. Esse dado está de acordo com estudos apresentados por antropólogos e pesquisadores como Roberto DaMatta, que dizem que, no Brasil, é comum as pessoas praticarem mais de uma religião. Um exemplo típico é a participação de muitos brasileiros em cultos de umbanda ou candomblé, mas, ainda assim, não se denominarem adeptos dessas religiões.

Além disso, vemos nas pesquisas do IBGE de 2010 que outras denominações religiosas contam com um grande número de adeptos. É o caso de budismo, testemunhas de Jeová, mórmons, candomblé, messianismo e outros cultos orientais, além do islamismo e do judaísmo.

Apesar de observarmos que no Brasil há grande diversidade religiosa, de acordo com o censo, as religiões de origem africana são as que mais sofrem discriminação.

Um dado interessante é que os católicos e os espíritas se concentram entre pessoas com mais de 40 anos; já os evangélicos se distribuem em maior número entre as crianças (na faixa de 5 a 9 anos) e os adolescentes (na faixa de 10 a 14 anos).

O censo trouxe outro dado relevante: houve um aumento, no Brasil, do número de pessoas que dizem não ter religião – mais de 15 milhões em 2010. Mas o Ibope, em 2014, em parceria com a *Worldwide Independent Network of Market Research* (WIN) – Rede Mundial de Pesquisa de Mercado –, identificou que apenas 2% da população brasileira se dizem ateus. Ou seja, não ter religião não significa necessariamente não acreditar em uma divindade.

A mesma pesquisa informa que oito em cada dez brasileiros se dizem religiosos, e isso coloca o Brasil acima da média global, que é de seis em cada dez. Vale dizer que a maioria do povo brasileiro acredita em alguma coisa. Somos um dos povos mais religiosos do planeta.

Lavagem das escadarias da igreja do Senhor do Bonfim, em Salvador (BA), 2018. Uma tradição de mais de dois séculos.

Romildo de Jesus/Futura Press

EU COMIGO

Chegou a sua vez de refletir sobre a sua crença. Este espaço é para você olhar para dentro de si e se conhecer melhor. Só mostre suas respostas ao professor e aos colegas se sentir vontade.

1) Eu sigo alguma religião? Qual?

2) Em que eu acredito segundo a minha religião?

3) Eu sigo os ensinamentos da minha religião? Quais?

4) No que diz respeito à questão anterior, em que eu posso melhorar?

AGORA É COM VOCÊ

Para que tudo o que foi visto até aqui sobre as religiões não fique só no papel, reúnam-se, sob a orientação do professor, para organizar um culto ecumênico. Quem não tem religião pode participar com uma meditação, um poema ou uma música que tenham uma mensagem positiva.

Culto ecumênico: cerimônia religiosa da qual participam várias religiões e onde todos podem orar à sua maneira, respeitando os demais.

Primeiro, elejam um ou mais representantes de cada religião existente na sala, de modo que todas essas religiões participem, mapeando também aqueles que não têm religião. Marquem o dia e o horário. Na ocasião, cada representante deverá fazer uma oração (espontânea ou previamente decorada), de acordo com a sua religião. Os alunos ateus ou que não seguem nenhuma religião podem elaborar ou pesquisar um texto sobre valores universais, como respeito, tolerância, solidariedade, etc. Todos deverão partilhar com recolhimento e respeito.

Sérgio Castro/Estadão Conteúdo/AE

Ato inter-religioso em memória de D. Paulo Evaristo Arns (1921-2016) na Catedral da Sé, São Paulo (SP), 2017. D. Paulo se destacou principalmente na defesa dos direitos humanos no período da Ditadura Militar no Brasil.

DE OLHO NO MUNDO

Elvis Barukcic/Agência France-Presse

Judeu orando durante o Shabat.

Nitin Kanotra/Hindustan Times/Getty Images

Adeptos do Sikhismo na Índia.

Jorge Silva/Reuters/Fotoarena

Monges budistas meditando na Tailândia.

As 8 maiores religiões do mundo

Com tantas doutrinas espalhadas pelo mundo, é até difícil adivinhar quais têm os maiores números de seguidores. Por exemplo, uma delas tem seu principal núcleo de praticantes no Brasil. Você sabe qual é? [...]

Espiritismo (aprox. 13 milhões de adeptos) [em 8º lugar]

Espiritismo não é exatamente uma religião, mas também entra na lista. A sobrevivência do espírito após a morte e a reencarnação são as bases dessa doutrina, que surgiu na França e se expandiu pelo mundo a partir da publicação de O Livro dos Espíritos, *de Allan Kardec (1857). É no Brasil que se encontra a maior comunidade espírita do mundo: 1,3% da população do país é espírita [segundo o Instituto Pew Research Center].*

Judaísmo (aprox. 15 milhões de adeptos) [em 7º lugar]

Atualmente, a maior parte dos judeus do mundo vive em Israel e nos Estados Unidos, para onde migraram fugindo da perseguição nazista. Mesmo assim, os judeus representam somente 1,7% da população norte-americana. Enquanto isso, na Argentina, nossos hermanos *judeus são 2% da população.*

Sikhismo (aprox. 20 milhões de adeptos) [em 6º lugar]

Embora pouco difundido, o Sikhismo é a sexta maior religião do mundo. A doutrina monoteísta foi fundada no século 16 por Guru Nanak e se baseia em seus ensinamentos. O sikhismo nasceu na província de Punjab, na Índia, e grande parte de seus seguidores ainda vivem na região. Eles representam 1,9% da população da Índia e 0,3% de Fiji.

Budismo (aprox. 376 milhões de adeptos) [em 5º lugar]

A doutrina baseada nos ensinamentos de Siddharta Gautama, o Buda (600 a.C.), busca a realização plena da natureza humana. A existência é um ciclo contínuo de morte e renascimento, no qual vidas presentes e passadas estão interligadas. Como era de se esperar, essa religião oriental é a principal doutrina em vários países do sudeste asiático, como Camboja, Laos, Birmânia e Tailândia. No Japão, é a segunda maior religião do país: 71,4% da população é praticante (muitos japoneses praticam mais de uma religião e, portanto, são contados mais de uma vez).

Religião tradicional chinesa (aprox. 400 milhões de adeptos) [em 4º lugar]

"Religião tradicional chinesa" é um termo usado para descrever uma complexa interação entre as diferentes religiões e tradições filosóficas praticadas na China. Os adeptos da religião tradicional chinesa misturam credos e práticas de diferentes doutrinas, como o Confucionismo, o Taoismo, o Budismo e outras religiões menores. Com mais de 400 milhões de praticantes, eles representam cerca de 6% da população mundial.

Manjunath Kiran/Agência France-Presse

Devota hindu orando durante festival na Índia.

Hinduísmo (aprox. 900 milhões de adeptos) [em 3º lugar]

Baseado nos textos Vedas, o hinduísmo abrange seitas e variações monoteístas e politeístas, sem um corpo único de doutrinas ou escrituras. Os hindus representam mais de 80% da população na Índia e no Nepal. Mesmo com tamanha variedade, são apenas a terceira maior religião do mundo. Porém, ostentam um título mais original: o maior monumento religioso do planeta. Trata-se do templo Angkor Wat – depois convertido em mosteiro budista –, que tem cerca de 40 quilômetros quadrados e foi construído no Camboja no século XII.

Sushil Kumar/Hindustan Times/Getty Images

Muçulmanos em oração na mesquita de Nova Délhi, Índia.

Islamismo (aprox. 1,6 bilhão de adeptos) [em 2º lugar]

A medalha de prata na lista das religiões é dos muçulmanos. Segundo projeções, daqui a vinte anos, eles serão mais de um quarto da população mundial. Se esse cenário se concretizar, o número de muçulmanos nos Estados Unidos vai mais do que dobrar e um quarto da população israelense será praticante do islamismo. Além disso, França e Bélgica se tornarão mais de 10% islâmicas.

Cristianismo (aprox. 2,2 bilhões de adeptos) [em 1º lugar]

Mesmo com o crescimento de outras religiões, o cristianismo continua sendo a doutrina com mais adeptos no mundo todo. Porém, seus seguidores têm mudado de perfil. Há um século, dois terços dos cristãos viviam na Europa. Hoje, os europeus representam apenas um quarto dos cristãos. Mas, o interessante mesmo é apontar onde o cristianismo mais cresceu no último século: na África Subsaariana. De 1910 para cá, a população cristã da região saltou de 9 para 516 milhões de adeptos.

VILAVERDE, Carolina. As 8 maiores religiões do mundo. *Superinteressante*, 21 dez. 2016. Disponível em: <https://super.abril.com.br/blog/>. Acesso em: 13 mar. 2018.

Godong/UIG/Getty Images

Católicos participam de missa na França.

E PARA TERMINAR

1) Neste livro falaremos de pessoas que se tornaram exemplos pela forma como vivenciaram sua crença: Moisés, Pitágoras, Confúcio, Buda, Sócrates, Jesus de Nazaré, Maria de Nazaré, Paulo de Tarso, Martinho Lutero, Maomé, Francisco de Assis, Allan Kardec, Mahatma Gandhi, Martin Luther King Jr. Certamente, você já ouviu falar de alguma(s) dessas personalidades históricas. Escolha uma delas e escreva o que sabe a seu respeito.

2) Dê sua opinião: o que faz da pessoa escolhida na questão anterior alguém especial?

SESSÃO DE MÚSICA

Reprodução/ CBD-Phonogram/Philips

São João, Xangô menino

Caetano Veloso. In: VELOSO, Caetano. *Muito: dentro da estrela azulada.* Rio de Janeiro: CBD Phonogram, 1978. Faixa 5. Lado 2.

A música faz referência a uma festa popular brasileira e ao santo católico São João e ao orixá Xangô, que são representados com a mesma imagem sincretizada.

Procure ouvir a música indicada pensando nas questões:

1) Que tipo de festa está sendo retratada na música? O que essa festa celebra?

2) Você conhece São João ou Xangô? Por que eles são citados na música?

> [...] o homem deve responder voluntariamente a Deus com a fé, e que, por isso, ninguém deve ser forçado a abraçar a fé contra vontade.
>
> **Papa Paulo VI.**
>
> *Dignitatis Humanae:* sobre a liberdade religiosa. Disponível em: <www.vatican.va>. Acesso em: 15 mar. 2018.

Pascal Deloche/Getty Images

2

Deus é um só?

A revelação de Deus aos hebreus

Você certamente já ouviu falar em deuses, mas as pessoas não costumam exclamar “Meus deuses!”, ou se despedir de alguém dizendo “Vá com os deuses!”. Sempre falamos “Deus”, no singular, e o escrevemos com letra maiúscula. Esse Deus, que é um só e a quem nos referimos no dia a dia, tem uma história.

Mais ou menos 4 mil anos atrás, todos os povos do mundo acreditavam em muitos deuses. Mas houve um povo que adotou o monoteísmo, isto é, a crença em um só Deus: o povo hebreu, também chamado “povo de Israel”. É dele que descendem os atuais judeus.

DEA/A. Dagli Orti/Getty Images

Abraão recebe o anúncio do nascimento de Isaac, de Francesco Fontebasso (1707-1769). Segundo a Bíblia, Abraão não podia ter filhos com a esposa Sara por causa da idade avançada, mas Deus prometeu um filho a eles.

BEBENDO NA FONTE BÍBLICA

Salmo 23 (22)

PHAS/UIG/Getty Images

Rei Davi de Israel tocado harpa, escultura localizada próximo à entrada de sua tumba no Monte Sião, Israel.

Cajado: bastão do pastor.

Salmo de Davi

O Senhor é meu pastor,
nada me falta.
Ele me faz deitar em verdes pastagens;
às águas do repouso me conduz,
ele me reanima.

Pelos bons caminhos me conduz,
para a honra do seu nome.
Mesmo se eu andar por um vale de sombra e de morte,
não receio mal algum, pois estás comigo:
teu bastão e teu cajado me dão segurança.

Diante de mim fazes servir uma mesa,
em face dos meus adversários.
Perfumas a minha cabeça com óleo,
minha taça é inebriante.

Sim, felicidade e fidelidade me acompanham
todos os dias da minha vida,
e retornarei à casa do Senhor,
para longos dias.

Salmo 23 (22). *Bíblia*: tradução ecumênica. São Paulo: Edições Loyola, 1994. p. 1029.

O QUE VOCÊ ENTENDEU?

1) Na época do salmo, a principal função dos pastores era proteger os animais no pasto. Por que no salmo de Davi é feita a comparação de Deus com um pastor?

2) Qual é a principal sensação que esse salmo transmite a você? Descreva uma imagem que você imaginou ao escutar o salmo.

3) Na sua opinião, por que o salmista usou metáforas relativas a uma mesa?

Um enviado de Deus

A história do povo hebreu é contada na primeira parte da Bíblia, chamada de Antigo Testamento. Por volta de 1600 anos antes de Cristo, os hebreus estavam numa situação muito difícil: eles haviam migrado para o Egito por causa da seca que devastava a região onde viviam, mas, com o passar do tempo, acabaram sendo escravizados pelos egípcios. Ao que parece, lá ficaram por aproximadamente quatrocentos anos.

O Egito era uma nação poderosa, governada pelo faraó, uma espécie de rei que o povo considerava divino. No princípio, quando os hebreus chegaram ao Egito, foram bem tratados, mas, tempos depois, houve um faraó que começou a cometer injustiças e violências contra eles.

Godong/UIG/Getty Images/Museu do Vaticano, Cidade do Vaticano

Moisés diante da sarça ardente, no Museu Vaticano.

Foi nessa época que Yaveh, Deus dos hebreus, escolheu um deles para mostrar sua força aos poderosos egípcios. O nome do escolhido para essa missão era Moisés.

Conta-se que Moisés nasceu de pais hebreus, mas foi criado pela filha do faraó. Para conter o crescimento da população hebreia, o faraó havia mandado matar todos os primogênitos meninos hebreus e só deixar viver as meninas. A mãe de Moisés, então, o pôs dentro de um cesto, sobre as águas do rio Nilo, e deixou a irmã do menino observando de longe o que iria acontecer com ele.

O que se seguiu foi que a filha do faraó encontrou o bebê e o salvou, adotando-o como filho e fazendo com que fosse criado com todo o conforto, na corte do faraó. Assim, o nome "Moisés" significa "eu o tirei das águas".

Moisés foi criado com afeto pelos egípcios, mas, depois de crescido, começou a se aborrecer por ver os hebreus sendo maltratados: eles eram obrigados a trabalhar duro e eram chicoteados se desobedecessem.

Um dia, Moisés viu um egípcio agredindo um hebreu e, revoltado, o matou. Para escapar à vingança do faraó, fugiu do Egito e foi para as terras de Madiã. Lá, casou-se com Séfora, uma pastora de ovelhas. Tornou-se também pastor e com ela teve dois filhos.

Depois de anos, houve um dia em que Moisés recebeu um chamado. Foi o próprio Deus que lhe apareceu – embora Moisés tenha coberto o rosto por temor de olhar – e disse que sabia dos sofrimentos do povo israelita no Egito. Mandou Moisés voltar e libertar seus irmãos escravizados. Para isso, lhe daria o poder de guiar os hebreus através do deserto até chegarem a uma terra onde corriam leite e mel – uma forma de dizer que essa era a terra prometida, a terra reservada pelo *Senhor* para o povo de Israel.

Moisés, com a ajuda de seu irmão Aarão, fez o que lhe fora ordenado por Deus. Os dois pediram ao faraó que deixasse seu povo partir, mas ele ignorou o pedido. A partir de então, muitas pragas começaram a atingir o povo egípcio: a água do rio Nilo e de todas as outras fontes se transformou em sangue; mosquitos, moscas-varejeiras, gafanhotos e rãs invadiram as terras, as casas, os templos e os palácios egípcios; houve chuva de granizo; tumores surgiram nas pessoas e pestes acometeram os animais; as terras do Egito foram cobertas por uma escuridão que durou três dias; por fim, todos os primogênitos do Egito morreram, desde os animais até o filho do faraó.

Toda vez que uma praga acontecia, o faraó dizia a Moisés e a Aarão que, se pedissem a Deus que tivesse piedade, ele deixaria os hebreus partirem. Deus atendia o pedido, mas o faraó não cumpria a promessa.

Só depois das dez pragas, o faraó consentiu que partissem, mas, assim que o povo começou a ir embora, arrependeu-se e quis impedir. Então Moisés e Aarão resolveram que todos deveriam fugir.

E assim fizeram.

Os egípcios perseguiram os hebreus até chegarem ao mar. Mas Yaveh, por intermédio de Moisés, abriu o mar em dois, deixando o povo passar a pé. Quando os egípcios estavam atravessando, o mar novamente se fechou e eles não puderam alcançar os hebreus.

Bridgeman Images/Glow Images/Museu e Galeria de Arte Bristol, Reino Unido

Os filhos de Israel cruzando o Mar Vermelho, de Henri-Frederic Schopin (1804-1880).

Testamento e morte de Moisés, 1481, afresco de Luca Signorelli localizado na Capela Sistina, Vaticano.

Moisés conduziu seu povo através do deserto, sempre lhe prometendo a terra de que Deus falara. No caminho, quando pararam no deserto do Sinai, diante de uma montanha, Deus novamente se revelou a Moisés e lhe deu os dez mandamentos, as leis que passaram a dirigir os hebreus na aliança estabelecida entre Deus e seu povo. Muitas delas até hoje podem ser consideradas bons princípios para orientar nossa vida.

Quando finalmente avistaram a terra prometida, onde os hebreus iriam viver, Moisés, já muito velho, morreu. Havia conduzido seu povo até ali, mas não conseguiu entrar nas novas terras que iam conquistar.

Dez mandamentos: princípios divinos que, de acordo com a tradição judaico-cristã, foram transmitidos por Deus a Moisés. Têm importância fundamental no sistema ético das religiões ocidentais.

O X DA QUESTÃO

1) Descreva o Deus dos hebreus segundo o que você percebeu no texto. Quais são as características desse Deus?

2) Moisés havia sido adotado pela filha do faraó, com todas as suas riquezas, e podia ter tido uma vida de conforto e luxo. Em vez disso, foi ser pastor em outra terra. O que você pensa sobre isso?

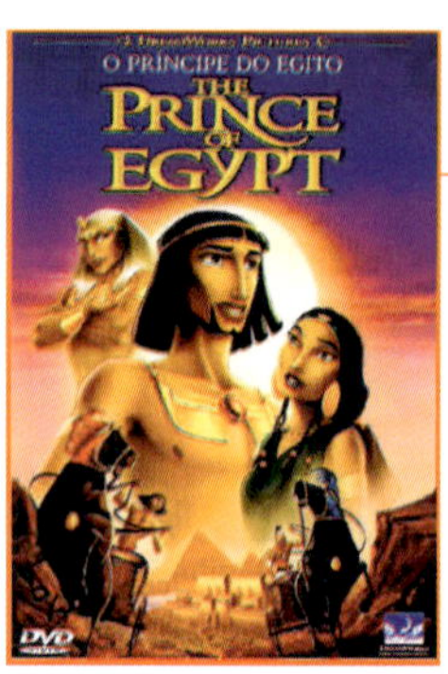

SESSÃO DE CINEMA

O príncipe do Egito

Direção de Brenda Chapman e outros. Estúdios DreamWorks, 1998.

Desenho animado que narra a história de dois irmãos: um nascido com sangue real; o outro, um órfão com passado secreto. Mas a verdade finalmente os separa, quando um se torna o governante do mais poderoso império da terra e o outro, o líder escolhido para libertar seu povo.

Procure assistir ao filme indicado pensando sobre esta questão:

O que deu força ao povo hebreu para vencer a escravidão no Egito?

A religião dos egípcios

Como outros povos da Antiguidade, os egípcios acreditavam em muitos deuses: alguns deles eram representados metade humanos, metade animais; outros eram inteiramente humanos. Havia estátuas para representar esses deuses, e cada um tinha uma função particular na organização do cosmo.

Houve um faraó, chamado Akhenaton, que, com alguns sacerdotes, resolveu adotar o culto a um único deus: o deus Sol. Mas o povo egípcio não aceitou essa imposição e continuou a cultuar vários deuses.

Veja alguns deles:

Estátua de Hórus, Deus dos céus, como um falcão. Está localizada no Templo de Hórus, Egito.

Nick Brundle Photography/Getty Images

Hathor, deusa da dança e da música, localizada no Museu do Antigo Egito, Cairo, Egito.

De Agostini/Getty Images

Justamente por causa desse culto aos deuses, cheio de imagens tão comuns na Antiguidade, mas que hoje em dia nos parecem estranhas, é que os hebreus insistiram nestas duas ideias: Deus é único e não deve ser cultuado em imagens. A religião judaica nunca fez estátuas ou pinturas representando Deus. Ela considera que é pelo amor demonstrado, ao cumprir os mandamentos de Deus, que prestamos homenagem a Ele.

Moisés, de Michelangelo, em Roma, Itália.

BEBENDO NA FONTE BÍBLICA

Moisés recebe os dez mandamentos

Os israelitas continuaram em sua caminhada e acamparam no deserto do Sinai. Uma manhã, ouviu-se o som estridente de trombetas no alto da montanha, acompanhado de relâmpagos e trovões. O povo pôs-se a tremer. O Senhor descera no meio do fogo. Ele chamou Moisés para o alto e Moisés subiu. Então, Deus lhe disse:

"Eu sou o Senhor, teu Deus, que te fiz sair da terra do Egito, da casa da servidão:

Não terás outros deuses diante de mim.

Não farás para ti ídolos ou coisa alguma que tenha a forma de algo que se encontre no alto do céu, embaixo na terra ou nas águas debaixo da terra. [...]

Não pronunciarás o nome do Senhor, teu Deus, em vão [...].

Que se faça do dia de sábado um memorial, considerando-o sagrado [...].

Honra teu pai e tua mãe [...].

Não cometerás homicídio.

Não cometerás adultério.

Não raptarás.

Não prestarás testemunho mentiroso contra teu próximo.

Não cobiçarás [...] nada do que pertença a teu próximo."

Êxodo 20,2-17. *Bíblia:* tradução ecumênica. São Paulo: Edições Loyola, 1994. p. 126-127.

O QUE VOCÊ ENTENDEU?

1) Escolha dois mandamentos e dê sua opinião sobre eles.

2) *Monoteísmo* é a crença em um Deus único. A que mandamento ela está relacionada? Justifique.

3) Na Bíblia, profeta é aquele que ouve a voz de Deus e transmite suas mensagens. A quem a palavra *profeta* se aplica nesse texto?

Profeta: na concepção bíblica, é aquele que ouve a voz de Deus e transmite suas mensagens.

EU COMIGO

"Pensando nos mandamentos, responda: Eu já tive oportunidade de praticar algum deles e desobedeci? Quando e como?"

FALANDO DE HISTÓRIA

A trajetória do povo judeu

Ao longo de sua história, o povo judeu enfrentou dificuldades, tragédias e situações polêmicas que se refletem até os dias de hoje.

Os romanos dominaram o mundo antigo durante muitos séculos, e Israel fazia parte do Império Romano. Por volta de setenta anos depois do nascimento de Jesus, os judeus se revoltaram contra esse domínio, mas, como os romanos eram uma potência militar, massacraram o povo de Israel.

No ano 70 d.C. (depois de Cristo), os judeus foram expulsos de Jerusalém e o templo judaico foi destruído pelos romanos. A partir do ano 135 d.C., eles foram expulsos de todo o país e passaram a viver dispersos pelo mundo; a isso chamamos diáspora ou dispersão. E assim o povo judeu permaneceu durante 1800 anos: muitas vezes perseguido, ou isolado em comunidades.

Um dos mais tristes episódios da sua história ocorreu no século XX, quando os nazistas, comandados por Adolf Hitler (1889-1945), assumiram o poder na Alemanha. Entre 1939 e 1945, ocorreu a Segunda Guerra Mundial e, durante esse tempo, o regime nazista matou em torno de 6 milhões de judeus.

Hitler e seus comandados defendiam ideias terríveis: queriam que o mundo só tivesse gente que eles consideravam de "raça pura" – loiros, aparentados com alemães. Judeus, ciganos e representantes de outras culturas tinham de ser eliminados, assim como pessoas deficientes ou quaisquer outras que discordassem das ideias nazistas.

Assim, os nazistas construíram os chamados campos de concentração, onde matavam essas pessoas. Entre os mortos, havia homens, mulheres, crianças, velhos e jovens. Ninguém escapava. Esse período, chamado de holocausto, foi uma das passagens mais vergonhosas da história da humanidade.

Diáspora: dispersão do povo judeu ou de qualquer outro povo, por motivos religiosos ou políticos. A diáspora judaica teve como centros, no correr dos séculos, a Alemanha, a Polônia, a Rússia, a Espanha e Portugal.

Nazistas: membros do Partido Nazista.

Museu do Holocausto em Jerusalém.

Alison Wright/Getty Images

Durante esse período e depois da guerra, muitas pessoas passaram a defender a ideia de restituir ao povo de Israel sua antiga pátria, cuja capital na época dos romanos era Jerusalém. Em 1948, foi estabelecida, pela Assembleia Geral da ONU (Organização das Nações Unidas), a criação do Estado de Israel, com uma nova capital: Telavive. Originalmente esperava-se uma partilha amigável entre o povo palestino e o povo judeu.

O problema é que, enquanto os judeus ficaram fora da região por tantos séculos, lá se estabeleceram outros povos, como os palestinos, que também consideravam aquele território sua pátria. A disputa por causa disso foi imensa e não terminou ainda: os palestinos nunca se conformaram em perder terras e muitos foram expulsos de suas casas e propriedades; por outro lado, os israelenses ocuparam terras que não haviam sido definidas como parte de seu território, e os palestinos se veem cada vez mais acuados na pouca terra que lhes restou.

E assim, há mais de cinquenta anos, dura essa situação: palestinos e israelenses, em conflitos armados, não chegam a um entendimento.

Israel e os territórios palestinos

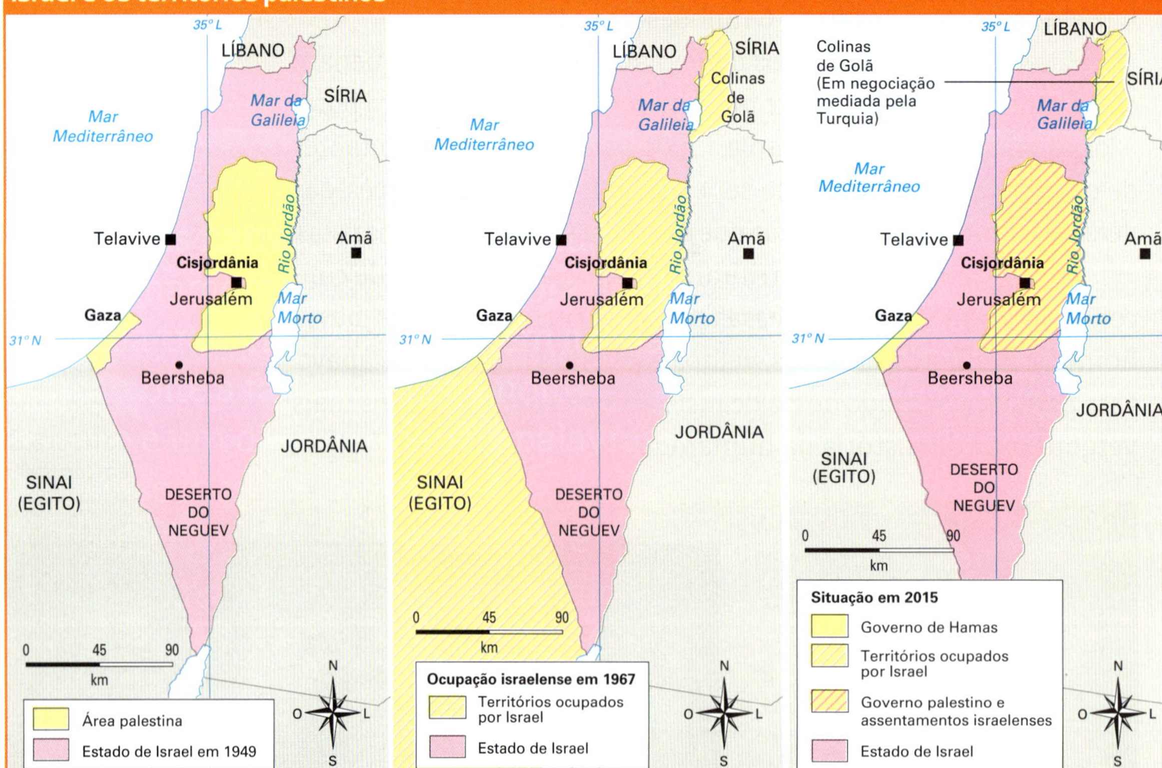

Banco de imagens/Arquivo da editora

Fonte: elaborado com base em DUBY, Georges. *Grand Atlas Historique*. Paris: Larousse, 2006.

AGORA É COM VOCÊ

1) Pense bem sobre o problema entre israelenses e palestinos e proponha uma solução. Se a gente é capaz de propor soluções, significa que elas podem ser tentadas e, quem sabe, dar certo.

2) Jerusalém é considerada, por judeus, cristãos e muçulmanos, uma cidade sagrada. Com seus colegas, forme grupos e faça uma pesquisa para levantar as seguintes informações:

a) Por que Jerusalém é uma cidade sagrada para os judeus?

b) Por que Jerusalém é uma cidade sagrada para os cristãos?

c) Por que Jerusalém é uma cidade sagrada para os muçulmanos?

d) Fotos da cidade de Jerusalém.

Cada grupo deverá expor aos demais o que descobriu.

DE OLHO NO BRASIL

Museu Lasar Segall/IPHAN/MinC

Autorretrato de Lasar Segall.

Lasar Segall e a cultura judaica no Brasil

Segundo o Censo Demográfico do IBGE de 2010, 107 mil pessoas se declararam seguidoras da religião judaica no Brasil. Esse número é pequeno, se comparado com 123 milhões de católicos, 43 milhões de evangélicos e mesmo 2,5 milhões de espíritas. Ainda assim, a influência da comunidade judaica no Brasil é grande: intelectuais, artistas e religiosos dão sua contribuição à cultura nacional.

Uma dessas personalidades foi o pintor Lasar Segall (1891-1957), de família judaica e que nasceu em Vilna, na Lituânia, e morreu em São Paulo. Quando Lasar chegou aqui, em 1923, já era um artista famoso na Europa, mas costumava dizer que foi no Brasil que sua arte encontrou o "milagre da luz e da cor". Isso significava que sua pintura ganhara cores e formas brasileiras.

Sua atuação foi importante no cenário cultural brasileiro e por isso ele é considerado um dos destaques da arte modernista. Criou em 1932 a Sociedade Pró-Arte Moderna e teve como amigos poetas e intelectuais de sua época, como o poeta modernista Mário de Andrade.

Dez anos depois de sua morte, em 1967, a casa onde morava em São Paulo tornou-se o Museu Lasar Segall, sendo até hoje um centro de cultura e arte.

E PARA TERMINAR

1) Inspirado nos dez mandamentos, crie para você mesmo pelo menos cinco "mandamentos", isto é, regras para o seu dia a dia.

Ditadura: governo de uma pessoa ou de um grupo que tomou o poder com violência e que suprime ou reduz as liberdades individuais.

2) O que os nazistas fizeram com os judeus e outros povos, o que a ditadura no Brasil e em outros países latino-americanos fez com os que dela discordavam, o que palestinos e israelenses fazem uns com os outros: violência, guerra, morte... O mundo está cansado disso!

Você consegue imaginar um mundo pacífico sem violência? O líder pacifista Mahatma Gandhi acreditava que a não violência era a maior força a serviço dos seres humanos e que somente ela poderia construir um mundo pacífico. Vejamos o que ele diz em um de seus textos:

Hulton-Deutsch Collection/Corbis/Getty Images

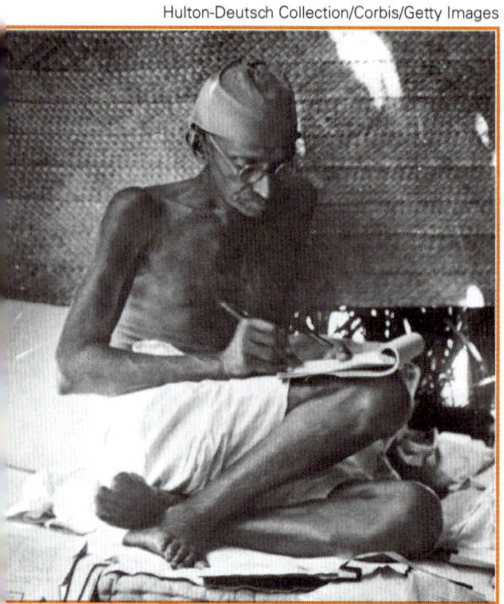

Mahatma Gandhi (1869-1948).

O amor é a força mais sutil do mundo. [...]

A não violência é a maior força que a humanidade tem à sua disposição. É mais poderosa que a arma mais destruidora inventada pelo homem. A não violência e a covardia não combinam. Posso imaginar um homem armado até os dentes que no fundo é um covarde. A posse de armas insinua um elemento de medo, se não mesmo de covardia. Mas a verdadeira não violência é uma impossibilidade sem a posse de um destemor inflexível. A não violência nunca deve ser usada como um escudo para a covardia. É uma arma para os bravos. Não vejo bravura nem sacrifício em destruir vida ou propriedade para o ataque ou defesa.

ATTENBOROUGH, Richard. *As palavras de Gandhi.* Rio de Janeiro: Record, 1982. p. 18; 44.

a) Discuta com seus colegas: um mundo pacífico é possível? Como?

b) O texto de Mahatma Gandhi sugere que a arma mais poderosa do mundo seria a não violência. Você concorda com isso? Por quê?

c) Quando um ser humano mata outro ser humano, seja qual for a razão, está cometendo um crime contra a humanidade? Por quê?

"Vós sois o santo Senhor e Deus único, que operais maravilhas (Sl 76,15). Vós sois o Forte. Vós sois o Grande. Vós sois o Altíssimo."

São Francisco de Assis.

Escritos e biografias de São Francisco de Assis: crônicas e outros testemunhos do primeiro século franciscano. 8. ed. Petrópolis: Vozes, 1997. p. 72.

Science Source/Getty Images

3

Ser amigo da sabedoria

Outra maneira de enxergar Deus

No capítulo anterior, vimos que, para os hebreus, Deus realizou milagres por intermédio de Moisés para salvar seu povo, como abrir o mar para a sua passagem. Outros povos entenderam Deus de formas diferentes. Houve sábios, por exemplo, que o enxergaram nas maravilhas da natureza e no espaço infinito.

Na Grécia antiga, muito antes de Cristo, nasceram as ideias sobre o que é ser sábio. E os primeiros sábios estavam interessados na ideia de Deus. Neste capítulo, vamos conhecer um grande sábio da Antiguidade: Pitágoras.

Ter sabedoria, no sentido em que entendiam os gregos, não é simplesmente entender muitos assuntos. É saber viver e enfrentar os problemas da existência. Alguns sábios gregos procuravam observar a vida e saber o que é certo e o que é errado; olhavam para dentro de si para se conhecerem e se cultivarem. E, desse modo, buscavam a felicidade.

Você gostaria de alcançar a sabedoria? O que é sabedoria para você? Você procura se conhecer por dentro? Olha o mundo e quer entendê-lo? Está buscando a felicidade para você e para os outros? Onde será que ela está?

Se você está buscando fazer tudo isso, está no caminho para atingir a sabedoria!

Afresco *A escola de Atenas*, de Rafael (1483-1520). A obra encomendada pelo papa Júlio II retrata o pensamento filosófico, representado pelas figuras de grandes pensadores, como Platão e Aristóteles no centro e Pitágoras no canto, à esquerda. No detalhe em destaque, Pitágoras.

BEBENDO NA FONTE FILOSÓFICA

Pitágoras segundo Cícero

Marco Túlio Cícero (106-43 a.C.) foi um filósofo e orador romano influenciado pelos filósofos gregos. Neste trecho de um de seus livros, ele conta como nasceu a palavra *filosofia* e qual a função do filósofo.

Crisfotolux/Dreamstime/Glow Images

Marco Túlio Cícero, filósofo romano. Estátua localizada no Antigo Palácio da Justiça de Roma, Itália.

[...] Pitágoras teria tido uma conversação sábia com Leão, o tirano de Filonte. Como este último admirasse seu gênio e sua eloquência, indagando em que arte se apoiava, Pitágoras teria declinado do epíteto de "sábio" (sophós) *e respondido que não conhecia nenhuma arte, mas que era "filósofo"* (philó-sophos). *Leão espantou-se com esse termo novo e perguntou quais eram as diferenças entre os filósofos e os outros homens. Pitágoras respondeu que a vida humana era comparável a essas assembleias às quais a Grécia inteira comparecia, por ocasião dos grandes jogos: alguns vêm aí lutar para obter uma coroa; outros tratam de fazer comércio; outros, enfim, não se interessam nem pelos aplausos nem pelo ganho, mas vêm para ver, simplesmente, o que se passa nos jogos. Do mesmo modo, na vida, alguns são escravos da glória, outros do dinheiro, mas outros, mais raros, observam com cuidado a natureza: "são esses que chamamos de amigos da sabedoria, quer dizer, de filósofos" [...].*

Cícero. Tusculanas. In: MATTÉI, Jean-François. *Pitágoras e os pitagóricos*. São Paulo: Paulus, 2000. p. 6.

Tirano: que tomou o poder à força.
Eloquência: capacidade de falar bem.
Declinado: recusado, negado.
Epíteto: título, qualificativo.

O QUE VOCÊ ENTENDEU?

1) De acordo com Cícero, para Pitágoras, quais são os três diferentes tipos de pessoas que vão aos jogos olímpicos gregos?

2) Qual a comparação feita entre as pessoas que vão aos jogos olímpicos e a vida?

3) Você concorda com a comparação feita por Pitágoras? Pelos critérios do filósofo, como você acha que as pessoas agem?

Um novo modo de viver

Pitágoras foi o primeiro a utilizar a palavra *filosofia*. Mas ele também era matemático e – o que poucos sabem – fundou uma religião. É considerado um dos pensadores mais importantes da História e teve muitos alunos.

Ele nasceu por volta de 532 a.C. na ilha de Samos, na Grécia antiga. Seu pai, Mnesarcos, era um rico comerciante; sobre sua mãe, Pítia, pouco se sabe.

A cidade de Samos era poderosa: seu governante, Polícrates, tinha cem navios de guerra. Sob seu reinado, Samos participou de diversas guerras, principalmente contra os persas e os egípcios. Os navios eram usados para roubar os bens das cidades vizinhas. Com essas riquezas, Polícrates realizou belas obras na sua cidade, como o aqueduto de Eupalinos e o Templo de Hera.

Desde jovem, Pitágoras teve um professor muito sábio, o grego Anaximandro. Pitágoras, porém, não se considerava um sábio, mas um *filósofo*. Ele foi o primeiro a ensinar essa novidade, chamada filosofia.

Filosofia: busca da sabedoria da vida, reflexão sobre a existência e o mundo.

A palavra *filosofia* significa "amizade (ou amor) à sabedoria". Até aquela época, quem conhecia muitas coisas era considerado sábio ou esperto. Para Pitágoras, a verdadeira sabedoria só é acessível aos deuses, e os seres humanos só podem ser *amigos* da sabedoria – nunca *sábios* de fato.

O ser humano não possui a sabedoria, mas deve sempre buscá-la para progredir. A filosofia faz isso, indagando sobre as principais questões da existência: Quem somos? De onde viemos? O que é a vida? O que é a morte? O que é o ser? E tantas outras.

Ruínas do Templo de Hera, na ilha de Samos, considerado patrimônio mundial pela Unesco. Foto de 2017.

Guiziou Franck/hemis.fr/ Agência France-Presse

Pitágoras discordava das guerras e das ideias de Polícrates, por isso saiu da cidade e tornou-se um viajante. Em suas viagens, visitou o Egito, onde aprendeu muito sobre matemática e religião. Aprendeu, também, astronomia com os babilônios – um dos povos habitantes da Mesopotâmia, região da Ásia localizada entre os rios Tigre e Eufrates –, que começaram a observar o movimento dos astros quase dois mil anos antes de Cristo.

Mais tarde, Pitágoras foi morar em Crotona, na Itália, onde se casou e teve dois filhos. Porém, teve de abandonar Crotona por motivos políticos: como ele e seus discípulos defendiam melhores condições de vida para o povo, os governantes, que não gostavam disso, os expulsaram da cidade. Foi, então, para Metaponto, também na Itália, onde morreu aos 65 anos.

Arte & Immagini srl/Corbis/Getty Images

Pitágoras, de Pietro Longhi (1701-1785).

Astronomia: ciência que estuda os corpos celestes: sua composição, posição uns em relação aos outros e seus movimentos.

A religião de Pitágoras

Pitágoras criou a Escola Pitagórica, uma sociedade secreta, em que se desenvolviam conhecimentos matemáticos, filosóficos e religiosos. Pitágoras e os pitagóricos – como eram conhecidos os seus discípulos – lutavam por um mundo mais justo para todos. Ele os educava para serem bons – e o bem não deveria ser praticado apenas em relação às pessoas, mas também aos animais. Por isso, eles eram vegetarianos. Pitágoras gostava tanto de animais que, às vezes, até conversava com eles. Muito tempo depois, um cristão faria a mesma coisa: São Francisco de Assis.

MaskaRad/Shutterstock

O pentagrama era o símbolo da Escola Pitagórica fundada por Pitágoras.

Para Pitágoras, a alma é imortal; vive mesmo depois que o corpo morre. Ele ia além, crendo na reencarnação: ideia de que as almas viveram vidas anteriores em outros corpos. Pitágoras dizia lembrar-se de suas vidas passadas. Segundo ele, apenas pelo bom comportamento o ser humano chegaria à perfeição moral, e após ter vivido várias vidas não precisaria mais nascer em outro corpo. Até hoje várias religiões acreditam nisso.

Na Grécia, no tempo de Pitágoras, praticavam-se duas grandes discriminações: os homens eram considerados melhores que as mulheres, e os escravos, considerados piores que os animais. Mas entre os pitagóricos não havia essa discriminação, pois todos se consideravam irmãos. As casas e as propriedades eram compartilhadas por todos, sem distinção de classes sociais. Os ricos e os pobres, os homens e as mulheres viviam como iguais.

Discriminações: ato de maltratar ou humilhar uma pessoa por ela ser de outra etnia, cor, religião ou sexo, ou ainda por qualquer outra diferença.

Eles acreditavam que qualquer um da comunidade poderia já ter sido rico ou pobre em uma vida passada, ou que um homem poderia ter sido mulher e uma mulher poderia ter sido homem, ou que ambos já poderiam ter sido escravos; portanto, todos deviam se respeitar e se tratar como irmãos.

Os ensinamentos de Pitágoras se espalharam pelo mundo. Mesmo hoje nos lembramos dele como um grande filósofo e buscamos concretizar alguns de seus ideais. Mesmo que se discorde daquilo em que Pitágoras acreditava, são inegáveis a sua importância histórica, a beleza de sua vida e pensamento e seu esforço pelo bem. Podemos, assim como ele, nos tornar amigos da sabedoria.

O X DA QUESTÃO

1) Observe a tirinha a seguir.

Quino/Fotoarena

QUINO, Joaquín S. L. *Mafalda 4*. São Paulo: Martins Fontes, 2010. p. 90.

a) Por que você acha que o pai da personagem Mafalda não conseguiu responder à pergunta?

b) Como você responderia à pergunta de Mafalda?

2) Na visão de Pitágoras, qual é a diferença entre o sábio e o amigo da sabedoria, como ele pretendia ser?

3) Pitágoras não concordava com a injustiça dos governantes para com o povo. Na sua opinião, ainda existem injustiças hoje em dia? Quais?

4) Na Grécia antiga, as mulheres eram consideradas inferiores aos homens, mas Pitágoras tratava todos de forma igual. Em que você considera que homens e mulheres são iguais e em que são diferentes?

5) De acordo com a visão de Pitágoras, o que é ser bom?

FALANDO DE FILOSOFIA

A sabedoria de Tales de Mileto e Anaximandro

Na Grécia, no tempo de Pitágoras, havia muitos sábios e filósofos. Os gregos inventaram coisas que são importantes até hoje: a Filosofia, a Ciência, a democracia. Foram eles também que instituíram as Olimpíadas.

Dentre os sábios gregos, podemos destacar Tales de Mileto e Anaximandro. Ninguém sabe ao certo o que eles pensavam ou como foi a vida deles, porque a maior parte do que escreveram se perdeu. Além disso, naquela época não se escrevia sobre as pessoas como se faz hoje. Tudo o que se queria transmitir era contado de um para o outro, o que chamamos de tradição oral.

Sobre Tales de Mileto sabe-se que viveu no tempo de Pitágoras e que era um homem muito curioso, que queria descobrir, principalmente, de que material era constituído o nosso planeta.

A sabedoria de Tales de Mileto era famosa. Conta-se, por exemplo, que ele previu – com sucesso! – um eclipse solar, por volta de 585 a.C. Mesmo assim, em sua cidade ninguém acreditava em tal sabedoria, pois achavam que, se Tales fosse realmente sábio, seria rico. Ele quis, então, provar que era realmente sábio. Com seus conhecimentos sobre o clima, previu que haveria uma grande colheita de azeitonas. Como ainda era inverno, todos duvidaram dele, achando que o clima demoraria a ficar bom para a colheita.

Com o pouco dinheiro que possuía, Tales alugou por um preço baixo vários depósitos para armazenar azeitonas... e provou que estava certo: o tempo melhorou e houve uma enorme safra de azeitonas. Na época da colheita, os agricultores precisavam guardá-las em algum lugar e só restavam os depósitos do sábio. Ele, então, os alugou por um bom preço, ganhando bastante dinheiro.

De Agostini/Getty Images/Museu Nacional Romano, Itália

Busto de Tales de Mileto, Roma.

Ciência: conjunto de conhecimentos organizados e historicamente acumulados, que visam propiciar a compreensão do mundo – como é, como funciona, como se movimenta e qual o papel de cada parte que o integra.

Democracia: governo do povo, pelo povo e para o povo. O povo escolhe quem vai governar por determinado tempo.

Dessa forma, ele mostrou a todos que, se quisesse, poderia ser rico, mas não se interessava pela riqueza, e sim pela sabedoria.

Tales teve um aluno importante, Anaximandro (que viria a ser o professor de Pitágoras). Ele também fez estudos sobre o planeta e foi o primeiro a elaborar um mapa das estrelas e a perceber que os planetas estão mais próximos da Terra do que as estrelas. Essas ideias, na época, eram consideradas fantásticas, pois não havia telescópios nem satélites: os únicos recursos eram os olhos e a inteligência.

Telescópios: lunetas potentes utilizadas para observar o céu.

Filosofia grega antiga

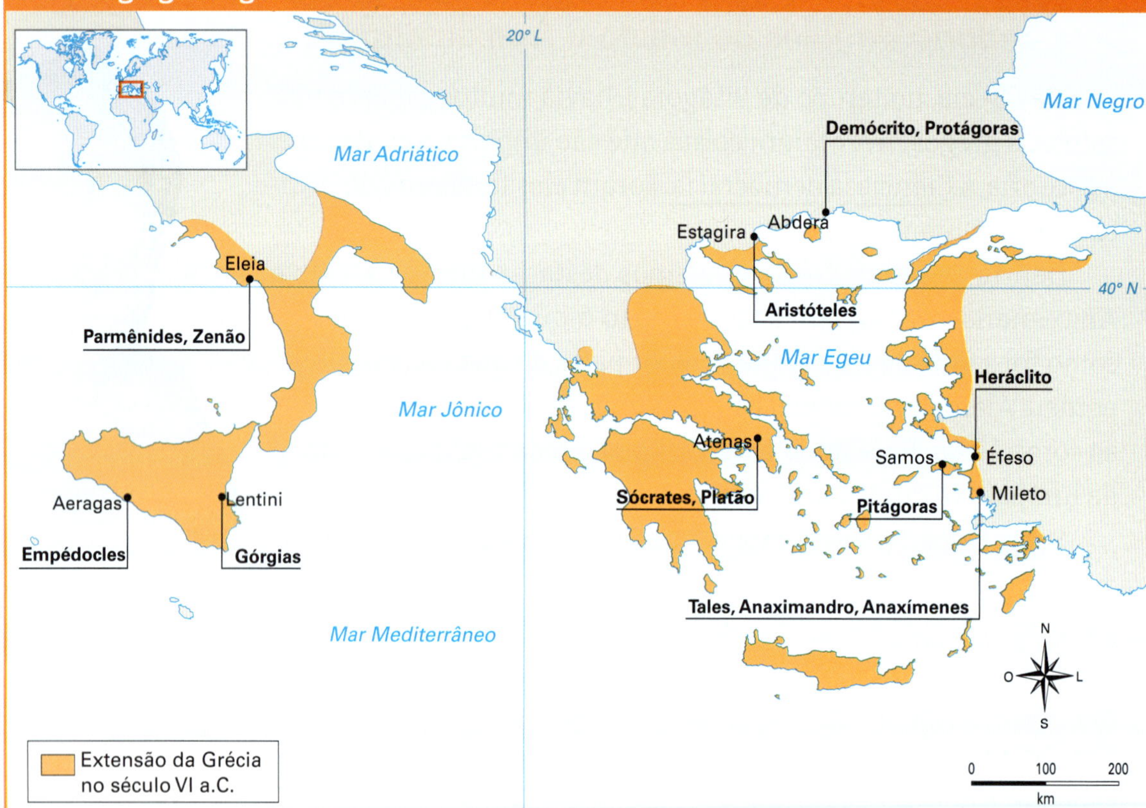

Banco de imagens/Arquivo da editora

Fonte: elaborado com base em ALBUQUERQUE, Manoel Mauricio de et al. *Atlas histórico escolar*. 8. ed. Rio de Janeiro: FAE, 1991. p. 87.

AGORA É COM VOCÊ

As pessoas sábias podem ajudar a melhorar o mundo? Fazendo o quê?

EU COMIGO

"Olhando para dentro de mim, o que falta para que eu me torne um 'amigo da sabedoria'?"

Uma filosofia do Universo

Pitágoras afirmava que o Universo apresentava uma ordem, uma harmonia, uma beleza e uma inteligência divinas. Todos os planetas seriam de origem divina, teriam forma esférica e estariam em constante movimento, girando suspensos no ar. Essas ideias eram contrárias às do seu mestre, Anaximandro, que achava que a Terra era cilíndrica.

Alamy/Fotoarena

Apolo, deus grego da música e da poesia.

Pitágoras dizia, também, que os movimentos contínuos dos planetas produziam uma "música celeste". De acordo com ele, os planetas precisavam girar cada um em uma velocidade diferente: as esferas que girassem mais lentamente produziriam notas musicais mais baixas; as esferas que girassem mais rápido produziriam notas musicais mais altas.

Quando alguém indagava por que não podemos ouvir essa música celestial, Pitágoras respondia que a ouvimos desde que nascemos, mas pensamos que ela é o silêncio. Para ele, a música feita pelas pessoas deve se inspirar nessa música celeste. Ele também foi músico e seu instrumento predileto era a lira.

Para Pitágoras, os números mostram a harmonia e a beleza do cosmo divino. Por isso, ele pesquisou muito a Matemática. E ele estava certo, pois, com ela, podemos saber muitas coisas do Universo; por exemplo: o tamanho da Terra; a que distância ela está do Sol, dos demais planetas e das estrelas; quantas vezes o Sol é maior do que a Terra. Podemos também saber que existem bilhões de estrelas na imensidão do Universo.

Veronika By/Shutterstock

Para Pitágoras, a Matemática, a música humana e o cosmo estão relacionados.

AGORA É COM VOCÊ

1) Você já sabe como são os planetas, as estrelas, o Universo. Ouça a música "Os planetas", de Gustav Holz, e desenhe a *sua ideia* de Universo.

2) Em 1990 foi lançado o telescópio Hubble, que está em órbita em torno do planeta Terra, captando maravilhas no Universo. Faça uma pesquisa de imagens e documentários no Google e no YouTube para ver o que o Hubble tem nos mostrado do Universo.

NO DIA A DIA

Lucas acredita muito que a verdadeira sabedoria vem de Deus.

– Nós só a descobrimos aos poucos – diz o jovem a um de seus professores.

Mas o professor acredita que o Universo não foi criado por Deus e diz ao aluno:

– Eu não acredito que Deus criou o Universo porque não temos evidências de sua existência. Acho que Deus é uma invenção do ser humano.

Lucas gostaria de argumentos para explicar o seu ponto de vista para o professor.

Pense nisto: Se o jovem pudesse contar com a ajuda de Pitágoras, o que será que o filósofo diria para ajudá-lo?

CONTANDO UM CONTO

A humanidade desce à Terra

Antigamente, todos os homens viviam no céu. Alguns ainda estão lá, são as estrelas.

No tempo da vida celeste, um velho, numa caçada, viu um tatu e o perseguiu. O tatu enfiou-se terra adentro e o homem cavava cada vez mais fundo para apanhá-lo.

Cavou o dia todo sem conseguir pegar o tatu.

Voltou para casa, mas no dia seguinte recomeçou a cavar.

Dizia à mulher:

– Quero pegar o tatu!

Cavou durante oito dias e estava quase apanhando o tatu quando o animal caiu num buraco.

O velho o viu descer como um avião, cair num campo e correr em direção à floresta. Ele alargou o buraco para poder olhar para baixo, mas o vento estava tão violento que o levou de volta à superfície.

O vento continuava a soprar pelo buraco, aumentando cada vez mais a abertura.

Quando o velho voltou à aldeia, os outros lhe perguntaram:

– Onde está o tatu?

Luana Geiger/Cosac & Naify

– Caiu numa terra debaixo da nossa, uma terra com belos campos, que não é como a nossa, é coberta de florestas. Mas o vento soprou e me trouxe de volta para cá.

A história foi discutida no ngobe, a casa dos homens. Os homens mandaram um meokre, que é um menino de 13 a 14 anos, buscar o velho para que ele contasse o que lhe acontecera.

Toda a assembleia resolveu ir ver o buraco. O vento o alargara e dava para ver os belos campos. Tomados pelo desejo de descer, os homens juntaram todas as cordas e fios de algodão que possuíam. Fizeram uma corda única que experimentaram no outro dia, mas ainda era muito curta, só chegava à metade do caminho.

Com outras pontas de fios, os homens encompridaram a corda até que ela alcançasse a terra. Um kuben-kra (que quer dizer o filho de um homem) quis ser o primeiro a descer.

Amarraram-no bem e o fizeram escorregar. O vento o empurrava de um lado para outro.

Enfim, ele chegou aos campos, achou-os belíssimos e subiu de volta. No céu, ele disse:

– Os campos lá embaixo são lindíssimos, vamos viver lá!

Fizeram-no descer mais uma vez e ele amarrou a extremidade inferior da corda numa árvore.

Então, homens, mulheres e crianças escorregaram ao longo da corda.

Pareciam formigas descendo por um tronco.

Muitos não tiveram coragem de descer, preferindo ficar no céu. E cortaram a corda para impedir mais uma descida.

MINDLIN, Betty. *O primeiro homem e outros mitos dos índios brasileiros*. São Paulo: Cosac Naify, 2001. p. 25-27.

E FAZENDO A PONTE

1) Compare as diferenças entre a história contada acima e a narrativa da Bíblia cristã sobre a origem dos seres humanos na Terra.

2) Você acha que a humanidade tem feito coisas boas pelo planeta Terra? Justifique?

3) Por que você acha que algumas pessoas não tiveram coragem de descer à terra? O que você faria se estivesse na história?

rame435/Shutterstock

Escultura do poeta Friedrich Schiller. Em Wiesbaden, na Alemanha.

Reprodução/Beethoven House, Bonn, Alemanha

Ludwig van Beethoven, de Joseph Carl Stieler (1781-1858).

BEBENDO NA FONTE POÉTICA

Um Deus além das estrelas

Muitas pessoas, no decorrer dos tempos, ao contemplar as estrelas, o espaço ou as belezas do nosso planeta, sentiram a presença de Deus no Universo. No século XVIII, o poeta alemão Friedrich Schiller escreveu um belo poema sobre isso, chamado "Ode à alegria". Alguns anos depois, no começo do século XIX, Beethoven, um dos maiores compositores de todos os tempos, expressou a beleza, a harmonia, a música e a alegria do Universo numa linda composição – a "9ª Sinfonia" – usando como letra o poema de Schiller:

Ode à alegria

Alegria, luz divina,
que move o Universo!
Nossa voz se ergue e afina,
pra cantar-te em verso!
A alegria acaba a descrença
e nos faz darmos as mãos!
Onde a alegria vença,
Todos nós somos irmãos!
Ser amigo de um amigo,
ter alguém para se amar!
Canta júbilos comigo,
louva teu celeste lar!

Muito além das lindas estrelas,
há um Deus a governar!
Mesmo se não podes vê-las
há leis a se respeitar!
Todos bebem a alegria
da mãe natureza!
Bons e maus, à luz do dia,
sentem a beleza!
Sóis e flores, constelações,
a alegria universal!
Ela inunda os corações
e dissolve todo o mal!

SCHILLER, Friedrich. *Ode à alegria*.
Tradução de Dora Incontri.

AGORA É COM VOCÊ

Sob a orientação do professor, ouça o último movimento da "9ª Sinfonia" de Beethoven. Enquanto estiver ouvindo, feche os olhos e imagine uma viagem por entre as estrelas. Leia o poema em voz alta e recite com a sinfonia.

DE OLHO NO MUNDO

Reencarnação, ontem e hoje

Pitágoras não foi o único a crer na reencarnação. Essa ideia foi aceita por muita gente, em várias regiões do mundo. Inúmeras eram as pessoas, tanto no Oriente como no Ocidente, que acreditavam nela como uma verdade religiosa. Na Antiguidade, a religião dos egípcios, dos celtas, dos gregos e dos maias admitia a reencarnação.

Reprodução/Biblioteca Nacional da França, Paris

Allan Kardec (1804-1869), fundador do espiritismo.

Todas as crenças reencarnacionistas admitem que o ser humano é livre para fazer suas escolhas nesta vida, mas depois deverá enfrentar as consequências de seus atos em outra existência. Os atos bons produzirão boas colheitas; os atos maus poderão acarretar sofrimento no futuro. Ainda de acordo com essa ideia, o ser humano é sempre dono do seu destino e sempre terá novas oportunidades de fazer melhor o que fez de errado, aprendendo com os próprios erros.

Hoje em dia, as principais religiões reencarnacionistas são o hinduísmo, o budismo e o espiritismo. Estas duas últimas são consideradas filosóficas, à maneira de Pitágoras. Entre as religiões que creem na reencarnação, algumas consideram que a alma de um ser humano pode reencarnar em um animal; outras, que a alma volta somente como homem ou mulher.

No Brasil, a principal corrente reencarnacionista é a espírita. Segundo essa visão, a alma humana jamais volta num corpo de animal.

Bridgeman Images/Glow Images/Arquivo Ann & Bury Peerless

O avatar Matsya, encarnação em forma de peixe do deus Vishnu do hinduísmo.

E PARA TERMINAR

1) Com seus colegas, pergunte ao professor de Matemática o que é o "teorema de Pitágoras". Peça-lhe um exemplo de sua aplicação prática e escreva o que descobriu.

2) Localize em um atlas a Grécia, o Egito e a Itália. Depois, pesquise em livros, revistas e na internet figuras de arte antiga de cada um desses países. Mostre a seus colegas o que descobriu.

Da esquerda paraa direita: Courtesy of Beverly Golemba/ NASA, NASA Langley Research Center, Reprodução/NASA

O filme *Estrelas além do tempo* conta a história real de Katherine G. Johnson, Dorothy Vaughan e Mary Jackson.

3) O filme *Estrelas além do tempo* conta a história de três mulheres negras americanas que trabalharam na Nasa (Agência Espacial Americana) na década de 1960 e foram fundamentais para desenvolver a corrida espacial, mesmo sofrendo preconceito. Considerando o papel das mulheres na Escola Pitagórica e o trabalho das americanas citadas acima, fale sobre a importância das mulheres no mercado de trabalho como pensadoras do seu tempo e nas dificuldades de se desenvolverem por causa de preconceitos sociais.

4) De que maneira a Filosofia pode ajudá-lo no seu dia a dia?

5) O que você mais gostou de aprender neste capítulo? E o que menos gostou? Por quê?

> Os céus narram a glória de Deus,
> o firmamento proclama a obra de suas mãos.
> O dia transmite a mensagem ao dia,
> e a noite a faz conhecer à noite.
> Não é um discurso, não há palavras,
> não se lhes ouve a voz.
> Sua harmonia se estende sobre toda a terra,
> e sua linguagem, até as extremidades do mundo.
>
> **Salmo 19 (18), 2-5.**
>
> *Bíblia:* tradução ecumênica. São Paulo: Edições Loyola, 1994. p. 1024-1025.

Su Yang/VCG/Getty Images

Celebração do 2568º aniversário de nascimento de Confúcio, em templo na China, em 2017.

4

Um caminho de vida

Um sábio do povo

De tempos em tempos, surgem no mundo pessoas que criam novos caminhos espirituais ou que vivem de modo tão especial sua religião que se tornam exemplos de amor e conhecimento. Elas nos ajudam a saber que todos nós podemos atingir a sabedoria e a verdade.

Já conhecemos Pitágoras. Na mesma época – século VI a.C. –, viveram grandes sábios e personalidades de diversas religiões: os profetas Ezequiel e Daniel, em Israel; Sólon, também na Grécia, como Pitágoras; Buda, na Índia; Confúcio e Lao-tsé, na China.

Neste capítulo, vamos conhecer a história e o pensamento de Confúcio, considerado pelos chineses e por estudiosos das filosofias orientais um dos maiores sábios que já existiram. Alguns dizem que ele é o pai de uma religião chamada confucionismo. Outros acham que se trata de uma filosofia. Assim como Pitágoras, Confúcio considerava que as leis da natureza e do mundo eram divinas. Era filósofo, mas tinha profunda religiosidade, pois achava que havia recebido uma "missão do Céu" para ensinar as pessoas.

beibaoke/Shutterstock

Estátua de Confúcio, em templo confucionista da cidade de Wuwei, na China.

AGORA É COM VOCÊ

Sob a orientação do professor, faça com seus colegas uma pesquisa sobre a China na época de Confúcio. Procure descobrir como era a região do ponto de vista geográfico, sua história, sua arte e seus costumes.

Montem um painel na classe com todas as informações e imagens obtidas na pesquisa.

SESSÃO DE LEITURA

A sabedoria de Confúcio, o rei sem reino

Maxence Fermine. São Paulo: Scipione, 2014.

O livro apresenta diversas histórias, nas quais Confúcio ajuda seus discípulos a ver a sabedoria, mesmo nos acontecimentos mais inusitados.

Procure ler o livro indicado pensando sobre esta questão:

O que posso aprender com Confúcio?

Editora Scipione/Arquivo da editora

BEBENDO NA FONTE CONFUCIONISTA

Os ensinamentos de Confúcio

O principal livro que conta várias passagens da vida de Confúcio e muitos de seus ensinamentos se chama *Lun Yü*, ou *Analectos*, e foi escrito por seus discípulos. Desse livro foi extraído o seguinte ensinamento:

[...] Aquilo que está ao alcance do conhecimento de um homem mas não pode ser mantido por sua benevolência é algo que ele acabará perdendo. Um homem pode ser sábio o suficiente para atingi-lo e benevolente o suficiente para mantê-lo, mas se ele não governar com dignidade, então o povo não o respeitará. [...]

Confúcio. *Os analectos*, 15,33. Porto Alegre: L&PM, 2017. p. 139.

Album/Fotoarena/Coleção particular

Representação de Confúcio em pergaminho do século XVIII.

Em outro de seus ensinamentos, Confúcio imaginava um mundo diferente deste em que vivemos, onde tudo fosse organizado com harmonia e as pessoas fossem respeitadas e felizes.

Quando a ordem perfeita prevalece, o mundo é como um lar do qual todos participam. Homens virtuosos e capazes são eleitos para cargos públicos e homens dignos ocupam empregos rendosos na sociedade. Paz e confiança entre todos os homens são os princípios básicos e indiscutíveis da vida.

Rendosos: vantajosos, lucrativos.

Todos os homens amam e respeitam os seus próprios pais e filhos, bem como os pais e os filhos dos outros. Há cuidado com os idosos, empregos para os adultos, alimento e educação para as crianças. Há meios de sustento para viúvas e viúvos, para todos que se encontram sozinhos no mundo e para os incapacitados. Cada homem e mulher tem um papel apropriado para desempenhar na família e na sociedade.

Um senso de partilha substitui os efeitos do egoísmo e do materialismo. Uma devoção aos deveres públicos não deixa lugar para a preguiça. Intrigas e conivência com lucros ilícitos são desconhecidas. Vilões como ladrões e assaltantes não existem. A porta de cada casa não necessita ser fechada e trancada durante o dia e a noite. Estas são as características de um mundo ideal, o Estado como bem público.

Intrigas: fofocas, traições.
Conivência: cumplicidade, colaboração.
Ilícitos: ilegais.

Confúcio. A essência da mensagem do Estado como um bem público. In: *The record of rites:* Book IX. Tradução dos autores. Disponível em: <www.confucius.org/lunyu/edcommon.htm>. Acesso em: 19 out. 2017.

O QUE VOCÊ ENTENDEU?

1) Cite três condições existentes no mundo ideal que Confúcio imaginou.

2) Cite três condições ausentes desse mesmo mundo ideal.

3) Um mundo como esse seria possível? Justifique sua resposta.

A sabedoria que vem do Céu

A China possui uma das culturas mais antigas da humanidade, mas o Ocidente demorou muito a conhecer esse país: apenas por volta do ano 1200 d.C. os europeus lá chegaram, com o italiano Marco Polo.

Por essa época, os chineses já haviam desenvolvido muitos inventos interessantes, como a bússola, o papel e a pólvora. A arte chinesa também era riquíssima, e quando Marco Polo e sua família chegaram à China ficaram encantados com a beleza das sedas, a riqueza das pinturas e a arquitetura tão diferente da que existia na Europa.

Confúcio nasceu na China por volta do ano 551 a.C., numa antiga cidade chamada Lu. Seu pai, um guerreiro, morreu quando ele tinha apenas três anos, e sua mãe o criou na pobreza. Assim,

Confúcio trabalhou desde cedo para ajudar a família e vivia no meio dos camponeses. Entre os chineses – como em outros lugares do mundo e até hoje –, quem vivia do cultivo da terra era desvalorizado pelos governantes. Os camponeses trabalhavam e pagavam altos impostos aos senhores, que enriqueciam cada vez mais. Confúcio viveu na infância essa situação injusta.

O menino era muito inteligente e frequentou a escola desde os sete anos de idade. Quando jovem, recebeu ajuda da família Ki, importante em sua cidade, e conseguiu um emprego como guarda de depósito. Depois, foi pastor de ovelhas e, mais tarde, dedicou-se ao ofício de professor. Assim como Pitágoras, teve muitos alunos: conta-se que foram mais de 3 mil.

Ele sempre procurava ajudar as pessoas com problemas e preocupava-se com as condições de vida delas: acreditava que todos deveriam encontrar bem-estar, viver com justiça e receber educação. Mesmo depois que se tornou famoso, continuou a conviver com as pessoas do povo.

Artista desconhecido/Museu Britânico, Londres

A Cidade Proibida, em Pequim, retratada em pintura chinesa em seda, século XVI.

Confúcio pedia cooperação e fraternidade entre todos os seres humanos, mas, na visão dele, só havia uma forma de construirmos um mundo melhor: seguindo a sabedoria que recebemos do Céu. As leis feitas pelo ser humano devem imitar as leis divinas. E mais: nascemos com as leis divinas dentro de nós e somente quando as tivermos desenvolvido é que alcançaremos a paz interior e a felicidade.

Certa vez, Kung de Lu – como Confúcio também era conhecido –, ao visitar um governante que lhe pediu orientação sobre qual seria a lei do Céu, respondeu-lhe com estas belas palavras:

O perfeito é a lei do Céu, e a perfeição, a lei da humanidade.

Confúcio.

Para Confúcio, as pessoas buscam a felicidade em lugares errados – nas riquezas materiais e nos prazeres do mundo –, mas a encontrariam apenas nas coisas espirituais. Quando agimos de acordo com as leis espirituais, seguimos o que ele chamava de "caminho do Tao", que tem, entre outros significados, o de "bom caminho".

Enquanto muitos acreditavam (como até hoje muitos acreditam) que os seres humanos seriam naturalmente maus, Confúcio discordava. Considerava todos naturalmente bons e afirmava que essa bondade não poderia se perder durante a vida; deveria ser desenvolvida desde a infância pela família, pela escola e pelo Estado.

Estado: sociedade politicamente organizada, com governo próprio; nação.

Essa ideia de essência boa quer dizer que, embora o ser humano possa ser malvado e fazer coisas muito ruins, no fundo sempre existe algo de bom dentro de sua alma. Mesmo o pior criminoso tem um lado bom – essa seria a essência boa, que pode ser a qualquer momento despertada.

Educação para todos

Confúcio trabalhou intensamente a vida toda, convocando e aconselhando os governantes para que realizassem a educação do povo. Ele mesmo, Confúcio, também educava as pessoas. Segundo ele, o soberano deveria ser um exemplo de sabedoria e bondade, pois, se desse maus exemplos, levaria o povo à desgraça. Se os governantes seguissem as leis do Céu, promoveriam a educação das luzes divinas em todo o povo, que não é apenas uma educação que instrui a mente, mas que forma o coração e a ação.

YANGCHAO/Shutterstock

Selo comemorativo chinês de 1989 mostra Confúcio com seus estudantes.

Nessa educação, Confúcio incluía rituais importantes da cultura chinesa, como o culto aos antepassados, a honra aos pais e os rituais com os mortos.

O povo nunca deveria ser castigado, pois o castigo não melhora ninguém – muito menos uma criança, que deve ser amada. A iluminação, isto é, a perfeição de um povo, não depende, portanto, de castigos, mas de uma boa educação.

Os pensamentos de Confúcio permanecem atuais. Quando tantas pessoas vivem sem esperança e a violência parece ser uma realidade sem solução, seu exemplo surge com força para continuarmos lutando por um mundo em que a espiritualidade e os valores de igualdade, fraternidade e cooperação façam parte das relações humanas.

O X DA QUESTÃO

1) Você identifica pontos em comum entre Confúcio e Pitágoras? Quais?

2) Na sua opinião, o ser humano é dotado sempre de uma bondade natural ou ele pode ser completamente mau? Por quê?

FALANDO DE HISTÓRIA

O caminho do Céu

Lao-tsé foi um sábio chinês cujo nome significa "velho mestre". Alguns acham que ele fundou a religião taoista; outros, que apenas continuou uma tradição que já existia na China. O texto mais importante dessa religião é o *Tao Te Ching* (*O livro do Caminho e da Virtude*, em português).

y6uca/Shutterstock

Símbolo do taoismo, o yin yang representa o equilíbrio do Universo a partir de duas energias opostas.

O taoismo, de Lao-tsé, e o confucionismo, de Confúcio, representam as mais importantes religiões da China. Os pensamentos de Lao-tsé, contidos no *Tao Te Ching*, são lidos até hoje no mundo inteiro.

Alguns historiadores afirmam que Lao-tsé e Confúcio teriam vivido em épocas diferentes e que o primeiro seria posterior ao segundo. Outros afirmam que eles eram contemporâneos e que, certa vez, se encontraram, quando Confúcio estava em visita à capital dos reis Chou. Lao-tsé e Confúcio teriam conversado sobre o orgulho e a cobiça. Eles concordavam que os seres humanos deveriam renunciar às ambições, pois uma pessoa cheia de virtude deve mostrar-se simples.

Segundo se conta, Lao-tsé abandonou a corte. Ao chegar à fronteira, o guarda pediu-lhe que, antes de ir embora, escrevesse seus ensinamentos. Resolveu, então, escrever o *Tao Te Ching*, que contém mais de 5 mil palavras, e depois disso desapareceu.

Muitos de seus ensinamentos eram diferentes dos de Confúcio. Os taoistas discordam do confucionismo por considerá-lo cheio de regras e defendem o Tao como um caminho mais livre, mais natural. Diz um taoista de hoje:

> *Como o Céu, o Tao é repleto de espaço, é tolerante, abrange todas as coisas, e dentro dele estão as regras e os princípios fundamentais da vida. Poucas regras e princípios. [...] E na nossa vida também deve ser assim. Devemos ter dentro de nós um imenso espaço para nos realizar, para viver, tendo alguns princípios fundamentais como referências.*

CHERNG, Wu Jyh. *Iniciação ao taoismo*. Rio de Janeiro: Mauad, 2000.

AGORA É COM VOCÊ

Na sua opinião, precisamos de muitas ou de poucas leis para viver no caminho do bem? Essas leis são internas (estão dentro de nós) ou externas (são impostas pela sociedade)? Explique.

FALANDO DE POESIA

Ser um ser humano

Rudyard Kipling foi um escritor que nasceu em 1865, em Mumbai, na Índia, e estudou em Londres, na Inglaterra. Aos 17 anos, voltou à Índia. Escreveu obras belíssimas, que tiveram grande popularidade no mundo inteiro. Vamos conhecer um de seus poemas mais famosos e belos, chamado "Se". Ele combina perfeitamente com as virtudes pregadas e vividas por Confúcio.

Se

Se és capaz de manter a tua calma quando
Todo o mundo ao redor já a perdeu e te culpa;
De crer em ti quando estão todos duvidando,
E para esses no entanto achar uma desculpa;
Se és capaz de esperar sem te desesperares,
Ou, enganado, não mentir ao mentiroso,
Ou, sendo odiado, sempre ao ódio te esquivares,
E não parecer bom demais, nem pretensioso;

Se és capaz de pensar – sem que a isso só te atires;
De sonhar – sem fazer dos sonhos teus senhores;
Se encontrando a desgraça e o triunfo conseguires
Tratar da mesma forma esses dois impostores;
Se és capaz de sofrer a dor de ver mudadas
Em armadilhas as verdades que disseste,
E as coisas, por que deste a vida, estraçalhadas,
E refazê-las com o bem pouco de que te reste;

Se és capaz de arriscar numa única parada
Tudo quanto ganhaste em toda a tua vida,
E perder e, ao perder, sem nunca dizer nada,
Resignado, tornar ao ponto de partida;
De forçar coração, nervos, músculos, tudo
A dar seja o que for que neles ainda existe,
E a persistir assim quando, exaustos, contudo
Resta a vontade em ti que ainda ordena: "Persiste!";

Se és capaz de, entre a plebe, não te corromperes
E, entre reis, não perder a naturalidade,
E de amigos, quer bons, quer maus, te defenderes,
Se a todos podes ser de alguma utilidade,
E se és capaz de dar, segundo por segundo,
Ao minuto fatal todo o valor e brilho,
Tua é a terra com tudo o que existe no mundo
E o que é mais – tu serás um homem, ó meu filho!

KIPLING, Rudyard. In: MILLIET, Sérgio (Sel.). *Obras-primas da poesia universal*. 3. ed. São Paulo: Editora São Paulo, 1957. p. 207-208

G.L. Manuel/ullstein Popper Lt./Getty Images

O escritor Rudyard Kipling (1865-1936).

EU COMIGO

"Agora, seguindo o exemplo de Kipling, vou criar um poema sobre algum destes temas ou sobre todos juntos: fraternidade, educação, justiça social, bondade."

NO DIA A DIA

Fábio preocupa-se muito com as questões políticas: seu sonho é tornar-se político e se comprometer em buscar soluções para os problemas do povo. Ele observa o destaque dado, nos meios de comunicação, a todos os problemas que envolvem a corrupção na política; por isso, acha que há muita desonestidade nesse campo. Assim, gostaria de receber alguma orientação sobre como ser um político honesto.

Pense nisto: Se Fábio fosse se inspirar em Confúcio, qual seria sua proposta de vida?

Alamy/Fotoarena

SESSÃO DE CINEMA

Mulan

Direção de Barry Cook. Estúdios Walt Disney, 1998.

Desenho animado baseado numa antiga lenda chinesa que conta a história de uma garota diferente das outras. Ao saber que seu pai, já velho e doente, foi convocado para lutar pelo Exército chinês contra os temidos hunos, Mulan decide ir em seu lugar. A partir daí começa uma emocionante história, passada na China antiga.

Procure assistir ao filme indicado pensando sobre esta questão:

É justa a discriminação que se fazia com as mulheres, que eram consideradas incapazes de realizar certas atividades?

DE OLHO NO MUNDO

Educação: um direito de todos

De uma forma ou de outra, a educação sempre foi uma prática entre os povos de todas as épocas. Os povos primitivos, por exemplo, não construíam escolas: as crianças eram educadas pelas pessoas mais velhas da comunidade. Já na Grécia e em Roma, o Estado ou a família educavam as crianças. Na Idade Média, foi a Igreja católica que assumiu a responsabilidade pela educação.

Ao longo da história, muitas pessoas – como Confúcio, Comenius, Pestalozzi, Maria Montessori – lutaram para que toda a humanidade tivesse direito à educação. Entretanto, somente em 1948, com a Declaração Universal dos Direitos Humanos, tivemos reconhecido o direito de todo ser humano à educação. Nem a Declaração da Independência dos Estados Unidos, de 1776, nem a Declaração dos Direitos do Homem da Revolução Francesa, de 1789, continham entre seus princípios alguma referência à educação como direito do ser humano.

Vejamos o que diz a esse respeito, no 26º artigo, a Declaração Universal dos Direitos Humanos:

§ 1º Toda pessoa tem direito à instrução. A instrução será gratuita, pelo menos nos graus elementares e fundamentais. A instrução elementar será obrigatória. A instrução técnico-profissional será acessível a todos, bem como a instrução superior, esta baseada no mérito.

§ 2º A instrução será orientada no sentido do pleno desenvolvimento da personalidade humana e do fortalecimento do respeito pelos direitos humanos e pelas liberdades fundamentais. A instrução promoverá a compreensão, a tolerância e a amizade entre todas as nações e grupos raciais ou religiosos, e coadjuvará as atividades das Nações Unidas em prol da manutenção da paz.

§ 3º Os pais têm prioridade de direito na escolha do gênero de instrução que será ministrada a seus filhos.

Declaração Universal dos Direitos Humanos. Disponível em: <www.direitoshumanos.usp.br>. Acesso em: 9 set. 2017.

Declaração da Independência dos Estados Unidos: documento, publicado oficialmente no dia 4 de julho de 1776, que deu início à nação norte-americana por ocasião de sua independência da Inglaterra e estabeleceu como princípios a liberdade e a participação política dos cidadãos. A independência dos Estados Unidos só viria a ser reconhecida de fato pela Inglaterra em 1783.

Declaração dos Direitos do Homem da Revolução Francesa: documento, publicado em agosto de 1789, que resultou da Revolução Francesa e afirmou a igualdade entre todos os cidadãos e a liberdade de pensar e de agir.

Coadjuvará: ajudará, cooperará.

Philippe Wojazer/Reuters/Fotoarena

Sede da Unesco, em Paris, 2017.

Anteriormente à Declaração Universal dos Direitos Humanos, em 1946 já tínhamos uma importante conquista para a educação, a criação da Unesco (United Nations Educational, Scientific and Cultural Organization – Organização das Nações Unidas para a Educação, a Ciência e a Cultura), com sede em Paris, na França.

A Unesco tem a proposta de ajudar organizações não governamentais (ONGs) na realização de programas educativos. Ela desenvolve atividades de apoio a escolas e à criação de bibliotecas, de luta contra o analfabetismo e de promoção da educação de adultos, além de muitos outros programas em favor da educação.

DE OLHO NO BRASIL

Alfabetização e religião

As informações divulgadas no Censo Demográfico 2010 pelo IBGE – Instituto Brasileiro de Geografia e Estatística – apontam que, das dez cidades com menor índice de analfabetismo no Brasil, oito estão localizadas no estado do Rio Grande do Sul e duas no estado de Santa Catarina. O município com menor número de analfabetos é São João do Oeste, em Santa Catarina, onde 99,2% da população sabe ler e escrever. São dados importantes, já que ainda não realizamos a educação de toda a nossa população. O Brasil apresenta números impressionantes quando o assunto é analfabetismo: segundo a Pesquisa Nacional por Amostra de Domicílios (Pnad), realizada em 2014 pelo IBGE, temos cerca de 12 milhões de analfabetos.

Os dados mostram que a região Nordeste apresenta os maiores índices de analfabetismo, concentrados na população de maior idade. Esses números colocam o Brasil no rol dos dez países com maior número de adultos analfabetos.

As cidades mais alfabetizadas do Brasil foram colonizadas por alemães. Em entrevista ao jornal *Zero Hora* de Porto Alegre, Fernando Becker, mestre em educação pela Universidade Federal do Rio Grande do Sul (UFRGS), diz que os colonizadores alemães não aceitavam que as pessoas não soubessem ler, escrever e fazer contas. Então, construíam escolas para seus filhos.

Voltaire Schilling, historiador também ouvido pelo *Zero Hora*, diz que a religião foi fundamental nesse processo de alfabetização. Os colonizadores alemães eram da Igreja luterana (protestante). Nessa religião todos precisam estar alfabetizados para ler os textos bíblicos.

Por outro lado, a maior parte da colonização no Brasil foi realizada por portugueses católicos. Como a Bíblia era escrita em latim, somente as pessoas cultas podiam lê-la, e não o povo. Então, apenas um pequeno grupo precisava saber ler.

Reforma Protestante: movimento religioso iniciado no século XVI por Martinho Lutero, que rompeu com a Igreja católica, iniciando a vertente protestante. A princípio, não havia a intenção de fundar uma nova Igreja, mas de questionar o que era considerado errado e em desacordo com a Bíblia na Igreja católica da época.

Os especialistas parecem ter razão, uma vez que Martinho Lutero – líder da Reforma Protestante e fundador da Igreja luterana, na Alemanha –, em um sermão pronunciado em 1530, já dizia: "... enviem as crianças às escolas". A religião luterana chegou ao Brasil bem mais tarde, por volta de 1824, com os imigrantes alemães que para cá vieram.

Reprodução/Museu Nacional Germânico, Nuremberg, Alemanha

Martinho Lutero (1483-1546).

> *[...] A necessidade da escola e da alfabetização foi, assim, assumida pelas famílias e pelas comunidades que foram se formando. A grande preocupação foi com a alfabetização de todas as crianças, para que pudessem participar ativamente na vida da comunidade, ler a Bíblia, estudar e entender o catecismo.*
>
> WOLFART, Graziela. Lutero e seu impacto na educação gaúcha. *IHU*, 3 nov. 2008. Disponível em: <www.ihuonline.unisinos.br>. Acesso em: 15 mar. 2018.

Lutero defendeu a necessidade de educação para todos. Segundo ele, a escola deveria ser mantida pelo Estado e a frequência das crianças deveria ser obrigatória, a fim de aprenderem uma profissão, bem como a ler e escrever.

E PARA TERMINAR

1) No século XX, a China ainda era constituída principalmente de camponeses pobres, além de ter sua população explorada de maneira brutal pelos países ocidentais. Por isso, muitos chineses se revoltaram. Liderada por Mao Tsé-tung (1893-1976), a Revolução Chinesa (1949) resultou de uma guerra civil que durou 20 anos. Como várias outras no mundo, essa revolução tentou trazer à China mais justiça e igualdade, mas usou de muita violência para isso, causando a morte de milhares de pessoas. Depois estabeleceu um regime político, até hoje existente, em que, durante anos, não houve nenhuma liberdade e quem dele discordasse era duramente punido, às vezes com a morte. Mais recentemente, a China tem se aberto para maior liberdade de expressão.

Alamy/Fotoarena

Pequim. Na China, a cultura chinesa transita entre o tradicional e o moderno.

a) Você considera possível estabelecer uma sociedade melhor por meio da violência? Por quê?

b) Mao Tsé-tung dizia querer libertar o povo chinês, mas, para estabelecer um novo sistema político, foi responsável pela morte de milhões de pessoas. Depois da revolução, para manter-se no poder, continuou reprimindo violentamente quem dele discordasse. Confúcio também queria um país mais justo e um povo livre da escravidão. Como ele agiu para conseguir isso? Faça uma breve comparação entre os meios usados por Confúcio e por Mao Tsé-tung.

2) Leia a fábula a seguir, pertencente às tradições chinesas:

Próximo à fronteira norte da China, vivia um homem muito experiente nas práticas do taoismo. Um dia, seu cavalo, sem motivo algum, foi para o território das tribos do norte. Todos tiveram pena do homem.

"Talvez isso acabe se tornando uma bênção", disse o pai dele.

Meses depois, seu animal voltou, trazendo com ele um belo cavalo do norte. Todos deram parabéns a ele.

"Talvez isso acabe sendo a causa de uma desgraça", disse o pai dele.

Como ele era rico e possuía bons cavalos, seu filho apaixonou-se pela prática da equitação, mas quebrou o fêmur ao cair de um cavalo. Todos tiveram pena do homem.

"Talvez isso acabe sendo uma bênção", disse seu pai.

Um ano depois, as tribos do norte começaram uma grande invasão nas regiões das fronteiras. Todos os jovens saudáveis pegaram em armas e lutaram contra os invasores. Como consequência, nove em cada dez homens morreram. O filho do homem não se juntou à luta porque havia se tornado deficiente físico – assim, ambos, pai e filho, sobreviveram à guerra.

Ancient Chinese Fables: Blessing or Bane. Tradução dos autores. Disponível em: <www.chinavista.com/experience/fable/fable1.html>. Acesso em: 3 nov. 2017.

a) Que virtudes essa fábula ensina?

b) Como você resumiria a moral, isto é, a lição dessa história?

c) O pai, nessa fábula, era um sábio taoista. O que você entendeu do taoismo, depois de estudar este capítulo?

3) Que tal saber mais sobre a Unesco e elaborar, com seus colegas, uma carta para ser enviada a essa organização? Sob a orientação do professor, faça o que se pede:

a) Visite a página da Unesco na internet e conheça o que essa instituição já faz: <www.unesco.org/new/pt/brasilia/>.

b) Discuta com seus colegas: o que vocês poderiam propor, em uma carta à Unesco, para ajudar num projeto de educação de todos os seres humanos?

c) Escreva a proposta, junto com sua turma.

d) Agora, façam um exercício de cidadania: enviem a carta à Unesco!

"[...] os que ensinam a muitos a justiça serão como as estrelas, por toda a eternidade."

Daniel 12,3.

Bíblia de Jerusalém. São Paulo: Paulus, 2012. p. 1578.

CRStudio/Shutterstock

Monge budista em templo na Tailândia.

5 Um caminho de iluminação

Uma das grandes religiões do mundo

Um príncipe que se fez mendigo e percorreu as estradas, pregando a compaixão. Essa é a origem de uma das religiões com mais adeptos no mundo: o budismo. Assim como o confucionismo, de Confúcio, e o taoismo, de Lao-tsé, o budismo teve um fundador: Buda.

Quando Buda nasceu, a Índia já era uma civilização milenar e a religião com mais adeptos era o hinduísmo, até hoje a principal religião do país e uma das mais antigas do mundo: seus livros sagrados, *Os Vedas*, datam de mais de 3 mil anos.

Para os budistas, os ensinamentos de Buda podem nos libertar da dor e do sofrimento. Os budistas, porém, não consideram Buda um salvador ou um deus. Por isso, alguns até acham que o budismo é mais uma filosofia de vida do que uma religião. Para eles, cada ser humano deve percorrer pessoalmente o caminho indicado por Buda, e esse caminho é possível para todos e não depende de nenhuma ajuda divina.

Prepare-se para conhecer uma das maiores figuras da história da humanidade.

O grande Buda, na floresta de Loci, Tailândia, 2017.

girl-think-position/Shutterstock

De príncipe a mendigo

Siddartha Gautama sentou-se embaixo da copa da árvore Bodhi para meditar e alcançar a iluminação.

Segundo a maior parte dos historiadores, os oitenta anos da vida de Buda se passaram ao longo do século V a.C. O príncipe Siddartha Gautama, mais tarde chamado Buda, nasceu numa família rica e nobre. Seu pai, o rei Suddhodana, tinha grande prestígio. Quando era ainda bebê, um estudioso dos astros previu que Siddartha um dia escolheria uma vida de abstinência. O pai, que desejava que o filho fosse seu sucessor, providenciou que o menino crescesse cercado de riquezas, proteção e mimos. Aos dezesseis anos casou-se com Yasodara, uma jovem princesa bonita e dedicada, e teve um único filho.

Um dia, já adulto, ao atravessar a cidade, Gautama ficou abalado com o sofrimento e a miséria em que viviam as pessoas e com as doenças que as acometiam. Ponderou, então, que nem toda a sua riqueza o livraria da velhice, da doença e da morte. Por isso, decidiu ajudar as pessoas a refletir sobre essas questões e abandonou o conforto e a família para viver de forma simples e sem apegos materiais para buscar libertar-se de todos os sofrimentos.

Gautama comunicou ao pai sua decisão, mas o rei não concordou e ordenou aos guardas que cercassem o palácio. Porém, isso não o deteve: numa noite, pegou seu cavalo, enganou os guardas e fugiu.

Foi viver no meio da floresta. Lá, encontrou monges brâmanes (da religião hindu) e, sob a orientação deles, durante seis anos tentou chegar à libertação dos sofrimentos. Mas, depois, deixou-os para tentar alcançar sozinho a iluminação e tornar-se um Buda, que significa "iluminado" ou "o desperto".

Certa vez, Gautama dormiu e sonhou que se tornaria naquele mesmo dia um Buda. Ao anoitecer, sentou-se embaixo da mesma árvore onde outros mestres que atingiram a iluminação haviam sentado. Imóvel, meditou até atingir o estado de iluminação: um despertar, uma consciência plena da verdade. Gautama havia, finalmente, se tornado um Buda.

Monges brâmanes: religiosos que pertencem à casta dos brâmanes, a classe mais bem posicionada na Índia.

Iluminação: no budismo, o estado de despertar a consciência e ver a realidade sem ilusões. Trata-se de uma profunda intuição da razão que leva ao sofrimento e ao caminho a ser seguido para libertar-se dele.

A mensagem de Buda

Monge mendicante: religioso que renunciou a toda riqueza e propriedade e vive de esmolas.

Buda tornou-se um monge mendicante, seguido por cinco discípulos. Com uma tigela de esmolas, foi mendigar nas aldeias vizinhas. Ensinava aos discípulos que o melhor a fazer era seguir o "caminho do meio": não é preciso ser radical e chegar a extremos para obter a iluminação.

O objetivo deve ser o domínio das paixões e dos desejos mundanos. Devemos renunciar, sim, a uma vida de prazeres como a de um príncipe, mas não precisamos ter uma vida cheia de privações e autopunições. Por meio de um caminho de equilíbrio e virtudes espirituais, alcançaremos o fim de todo o sofrimento humano.

Castas: camadas sociais que compõem a sociedade hindu e que são sujeitas a regras rígidas.

Em torno de Buda reuniram-se muitos discípulos, de todas as classes sociais, pois ele não concordava com a divisão da sociedade em castas, característica da Índia. Desse modo, ele formou a grande comunidade dos mendicantes budistas.

Assim como Pitágoras, Buda tinha lembranças de vidas passadas. Dizia que em vidas anteriores havia conquistado as qualidades para se tornar um Buda. Numa dessas vidas, tinha sido o príncipe Vessantra (também conhecido como Sudana), famoso pela sua misericórdia e compaixão. Vessantra gostava de ajudar as pessoas e atendia a todos os pedidos que lhe faziam. Sua compaixão era tão grande que acabou dando tudo o que tinha e ficando pobre.

Monges recebem doações da população em cerimônia tradicional de doação, em 2017.

Vichan Poti/Pacific Press/LightRocket/Getty Images

Buda precisou de várias vidas para chegar à iluminação. Então, muitos budistas entendem que são necessárias inúmeras reencarnações para atingir as virtudes da iluminação. Por isso, Buda compreendia os erros e as dificuldades de seus discípulos, pois sabia que eles estavam no caminho da aprendizagem. Dizia que, dependendo dos pensamentos, ações e palavras em uma vida, teremos bem-estar ou desgraças, boas ou más reencarnações futuras. Essa ideia de que nossas ações boas ou más têm consequências em outras vidas chama-se carma. A religião hindu já falava disso.

Na companhia de seus discípulos, Buda viajou por muitas cidades, ensinando sobre o carma, a reencarnação, a imortalidade da alma, a libertação da dor e do sofrimento, o caminho do meio, a bondade, a compaixão, a luta contra o egoísmo. Com esses ensinamentos, Buda conseguiu que seu pai, afinal, se tornasse também seu discípulo.

Buda aconselhou o pai a ter uma boa conduta e um coração generoso. O dever de um pai de família, assim como o dos monges mendicantes, era responder ao ódio com amor, pois amando a todos os seres do Universo é que atingimos a felicidade. Ele possuía apenas suas vestes, sua tigela de esmolas e seu bastão. Comparava o religioso ao operário: uma pessoa de fé não deveria descansar antes de cumprir sua tarefa, a iluminação divina.

Godong/Universal Images Group/Getty Images

O ciclo de encarnações, também conhecido como Samsara, no Mosteiro de Kopan, Tibete. Segundo o budismo, devemos sair da roda e acabar com o carma para atingir a iluminação.

O príncipe mendigo nunca descansou; mesmo velho, andando apoiado em muletas, percorria a Índia ensinando sua doutrina. Suas últimas palavras aos monges foram: "Esforçai-vos sem cessar". Morreu aos oitenta anos. Os budistas acreditam que ele atingiu o nirvana.

A obra de Buda difundiu-se em muitas regiões da Ásia, e, por ter se espalhado por vários países do mundo, existem diferentes tradições budistas. Na Índia, seu país de origem, durante alguns séculos o budismo exerceu bastante influência no pensamento religioso, mas a partir da invasão dos muçulmanos, entre os séculos IX e XI, entrou em declínio e quase desapareceu – apenas recentemente as ideias de Buda começaram a ser recuperadas.

Carma: segundo as religiões hinduísta e budista, é o conjunto das ações humanas – boas e más – e suas consequências: o passado determina o presente, assim como o presente irá determinar o futuro. De acordo com essa ideia, cada pessoa é responsável pelo próprio destino, e o conjunto de suas boas ações terá influência benéfica sobre suas vidas futuras.

Nirvana: segundo o budismo, estado máximo de libertação da dor, do desejo e da necessidade de reencarnar.

O X DA QUESTÃO

1) Na sua opinião, por que Buda dizia que a riqueza não resolve os problemas da vida?

2) Você concorda com ele? Por quê?

3) As últimas palavras de Buda foram "Esforçai-vos sem cessar.". Como você interpreta isso?

NO DIA A DIA

Pedro tem simpatia pelo budismo, mas não entende por que necessita deixar os prazeres para seguir a religião. Gosta tanto de sair para se divertir com os amigos e aproveitar a vida, que não lhe sobra tempo para meditar, orar e dedicar-se às outras pessoas. Para ele, seria muito difícil modificar seu modo de vida para seguir o budismo.

Pense nisto: Se Pedro encontrasse Buda, quais seriam, provavelmente, os conselhos que este lhe daria?

BEBENDO NA FONTE BUDISTA

Ser Buda

Para os budistas, Buda não é apenas um nome: é um estado atingido por qualquer pessoa que consiga a iluminação. Então, segundo o ensinamento budista, todos podemos nos tornar budas. Para isso, o antigo príncipe Gautama (também escrito "Gotama", como no texto a seguir) mostrou o caminho:

Renunciando à violência contra as criaturas, abstendo-se dela, o eremita Gotama vive como um homem que depositou o bastão e o gládio; é escrupuloso, bom, amigável, e compassivo por tudo o que respira, por todas as criaturas.

Renunciando a tomar o que não é dado, abstendo-se disso, o eremita Gotama vive como um homem que só toma o que lhe é dado, que espera que se lhe dê; vive, não pelo furto, como um Eu tornado puro. [...]

Renunciando às palavras caluniosas, o eremita Gotama delas se abstém: tendo ouvido qualquer coisa aqui ele não é homem de repeti-lo adiante para criar a discórdia; nem tendo ouvido qualquer coisa adiante, de repeti-lo aqui para criar a discórdia. Assim ele é

Abstendo-se: evitando, deixando de fazer algo.

Eremita: que vive distante da sociedade.

Gládio: espada, poder, luta.

Escrupuloso: cuidadoso, íntegro.

Compassivo: compreensivo.

Caluniosas: mentirosas.

reconciliador das pessoas que não estão de acordo, ele aproxima os que são amigos. A concórdia é seu prazer, seu deleite, sua alegria; a concórdia é o móvel de sua palavra.

Renunciando às palavras duras, Gotama delas se abstém. A palavra que é doce, agradável ao ouvido, afetuosa, que vai direto ao coração, que é cheia de urbanidade, de amenidade, que é agradável às pessoas, eis aí a palavra que ele pronuncia.

Renunciando à tagarelice frívola, o eremita Gotama dela se abstém; ele fala no momento preciso, ele diz o que é, fala do objetivo, [...] fala da disciplina; diz palavras dignas de serem conservadas, com comparações nos momentos precisos, palavras cheias de discernimento, com referência ao objetivo. [...]

COOMARASWAMY, Ananda K. *O pensamento vivo de Buda*. São Paulo: Martins Editora, 1967. p. 92-93.

Urbanidade: polidez, educação.

Frívola: sem valor, fútil.

Newton Menezes/Futura Press

Meditação coletiva durante a Virada Sustentável em São Paulo (SP), em 2015.

O QUE VOCÊ ENTENDEU?

1) Segundo o texto, a que devemos renunciar?

2) Escolha a renúncia que você achou mais importante para sermos felizes e justifique essa escolha.

EU COMIGO

"A que eu poderia ou deveria renunciar para me tornar uma pessoa melhor?"

Clodagh Kilcoyne/Reuters/Fotoarena

Dalai Lama (1935-), durante palestra em 2017.

Prêmio Albert Schweitzer: prêmio instituído em 1986 como reconhecimento a personalidades comprometidas com causas humanitárias. Recebe o nome de um médico que trabalhou como missionário na África e recebeu o prêmio Nobel da Paz em 1952.

DE OLHO NO MUNDO

O Dalai Lama e a felicidade

O budista Dalai Lama é o líder religioso e político do povo tibetano. Segundo ele, o objetivo dos seres humanos é a busca da felicidade. Sua luta pela paz mundial e pelos direitos humanos, além de tê-lo tornado internacionalmente conhecido, demonstra o quanto trabalha para que todos consigam atingir essa felicidade. Por isso, recebeu vários prêmios, como o prêmio Nobel da Paz e o prêmio Albert Schweitzer.

O Dalai Lama governou o Tibete até 1959, ano em que a China passou a dominar à força o seu país, e os monges que governavam a região tiveram de ir para a Índia. Ele é o 14º da linhagem dos Dalai Lama e os religiosos budistas o consideram a reencarnação do 13º Dalai Lama. Suas palavras sobre a felicidade revelam bem a filosofia budista:

> *Em termos gerais, o altruísmo é a fonte genuína de benefício e felicidade. Portanto, se tivéssemos nascido em uma esfera da existência onde o seu desenvolvimento não fosse possível, estaríamos em uma situação sem esperança, o que felizmente não é o caso. [...] a essência da doutrina do Buda é que uma pessoa deve ser bondosa e praticar o altruísmo.*

DALAI LAMA. *O Livro de Ouro da felicidade*: um guia prático aos estágios de meditação. 2. ed. Rio de Janeiro: Edìouro, 2003. p. 18; 229.

AGORA É COM VOCÊ

Uma das ideias que ligam muito o budismo à atualidade é que Buda ensinava a compaixão e o respeito por todas as criaturas vivas, incluindo plantas e animais. Essa ideia está muito próxima do movimento ecológico e também é defendida pelo Dalai Lama.

Combinando, então, budismo e atualidade, forme um grupo com alguns colegas para uma pesquisa sobre ecologia. Vocês deverão procurar respostas às seguintes questões:

1) O que é ecologia e o que os ecologistas têm feito no mundo?
2) O que é uma ONG e qual o seu papel na ecologia?
3) Quais as dificuldades que os ecologistas e as ONGs encontram?

Organizem todas as informações em painéis e cartazes e façam uma exposição na escola.

As castas indianas

As sociedades antigas eram rigidamente divididas em classes. No Egito, na Grécia, em Roma, existiam basicamente duas delas: os governantes e os governados. As classes mais privilegiadas exerciam as tarefas de poder: o pensar e o falar. Para as classes subalternas, restava apenas o fazer.

Ainda hoje temos sociedades divididas por classes, e, embora não exista tanta rigidez quanto no passado, as divisões em classes continuam a gerar muitas desigualdades.

Na Índia, onde nasceu o budismo, há mais de 3 mil anos, existe um rígido sistema de classes sociais, denominadas castas. Em nenhum caso pode se mudar de casta. Além disso, certas castas são discriminadas, isto é, vistas com preconceito.

São estas as castas existentes na sociedade indiana:

- brâmanes: sacerdotes considerados puros;
- xatrias ou guerreiros: protetores de todos contra a maldade;
- vaicias: lavradores, comerciantes e artesãos;
- sudras: servos e escravos.

Existem, ainda, os chamados "impuros", "dalits" ou "párias", que não pertencem a nenhuma casta. São nascidos da união de pessoas de castas diferentes ou foram expulsos de sua casta por terem violado as leis religiosas.

Graças à atuação de Gandhi, as castas deixaram de figurar na lei, mas ainda estão presentes na sociedade indiana. Os párias continuam com dificuldades para conviver com as outras castas.

Essas diferenças geram graves problemas, como o racismo e a discriminação social. Atualmente, os membros das castas mais baixas não concordam com essa posição.

Os membros das altas castas têm os melhores empregos. Os das castas mais baixas ficam com os piores trabalhos. Os governos indianos têm introduzido uma série de medidas para proporcionar às castas mais baixas acesso à educação e a melhores empregos.

Frank Bienewald/LightRocket/Getty Images

No sistema de castas indiano, os brâmanes são sacerdotes que estão no topo da pirâmide social.

AGORA É COM VOCÊ

Você acha que há desigualdade social no Brasil? Será que é possível resolver esse problema? Como?

DE OLHO NO BRASIL

A presença budista em nosso país

O budismo nasceu por volta do século V a.C., na Índia, parte oriental do mundo. Embora já conhecido no Ocidente, só começou a ser difundido no Brasil no início do século XX, com a chegada dos primeiros imigrantes japoneses, que vieram a bordo do navio Kasato Maru e desembarcaram no porto de Santos (SP) no dia 18 de junho de 1908.

No início, a versão dele chamada zen-budismo, praticada no Japão, era a mais seguida aqui; hoje a linha tibetana do Dalai Lama está crescendo. Há vários templos e cursos de meditação em nosso país e é aqui também que está localizado o maior templo budista da América Latina: o Zu Lai, construído em 2003 na cidade de Cotia, em São Paulo. Nele se pratica o budismo humanista, que ressalta duas características essenciais da mensagem de Buda: sabedoria e compaixão.

Os budistas da tradição tibetana percorrem o mundo em busca de *tulkus*, pessoas que, segundo acreditam, são reencarnações de seus mestres do passado. Há alguns anos, eles identificaram no Brasil um dos mestres budistas reencarnados: o garoto Michel Lenz Cesar Calmanowitz, que tinha oito anos de idade e morava na cidade de São Paulo, quando teve seu primeiro contato com o budismo tibetano e foi reconhecido pelo Lama Gangchen Rinpoche, durante uma viagem ao Brasil, em 1987.

Lama: palavra tibetana que significa "mestre".

Segundo Gangchen, o menino era a reencarnação de um importante mestre tibetano: o Lama Lobsang Choepel (Drubchok Gyawal Sandrup), monge que viveu no século XV e foi um grande mestre e autor de estudos sobre astrologia e cura.

Em 1994, aos treze anos, Michel seguiu para a Índia. Seu pai, que era da religião judaica, e sua mãe, presbiteriana (uma denominação protestante), converteram-se ao budismo e apoiaram a missão do filho.

Hoje, o brasileiro que se tornou o Lama Michel Rinpoche tem uma vida muito diferente da que tinha no Brasil. Sua rotina é cheia de orações, meditação e estudos da religião budista.

Templo budista Zu Lai, Cotia (SP).

Jales Valquer/Fotoarena

Ele estudou na Universidade Monástica de Sera Me, na Índia, onde morou em torno de doze anos. Desde 2006, Michel reside com Lama Gangchen na Itália, trabalha na Fundação pela Paz Mundial Lama Gangchen e, além disso, acompanha seu mestre em diversas viagens orientando centros budistas, dando palestras e difundindo o ensinamento de Buda pelo mundo todo.

Michel não foi o primeiro brasileiro a receber o título de Lama. Em 1983, já adulto e morando nos Estados Unidos, Antônio Carlos da Costa e Silva também foi reconhecido como *tulku* e se tornou um Lama.

Também o professor de Física Quântica da Universidade Federal do Rio Grande do Sul, Alfredo Aveline, foi aceito como Lama Padma Samten. Ele abandonou a vida acadêmica e se dedica a ensinar o caminho budista no Brasil.

Em São Paulo, a Monja Coen também tem se destacado como uma liderança budista, quebrando ideias antigas, que não aceitavam que mulheres se tornassem monjas.

Tomas Arthuzzi/Acervo do fotógrafo

A Monja Coen, brasileira e adepta da tradição japonesa do zen-budismo, em 2017.

E PARA TERMINAR

1) Elabore cinco perguntas para fazer a seus colegas sobre os temas estudados no livro até agora. Eles deverão fazer o mesmo.

2) Como você viu, o budismo é uma doutrina que recomenda muita compaixão para com todos os seres vivos. Em 1998, por ocasião da comemoração dos 50 anos da Declaração Universal dos Direitos Humanos, o Dalai Lama proferiu um discurso na Unesco. Leia um trecho:

Perspectivas de um Monge Budista

[...] Quando se fala de amor e compaixão, as pessoas geralmente relacionam estas qualidades às práticas religiosas, o que não é necessariamente o caso. É fundamental que reconheçamos a importância da compaixão e do amor nas relações entre os seres sencientes em geral e os seres humanos em particular. Todos nós, desde a mais tenra idade à velhice, apreciamos a ajuda e o carinho que as pessoas nos dispensam. Infelizmente, no decorrer de nossa vida, à medida que nos tornamos independentes, muitas vezes negligenciamos o valor do carinho e da compaixão. Visto que nossa vida se inicia e termina com a necessidade inerente de afeto, não seria muito melhor praticarmos a compaixão e o amor ao próximo enquanto podemos?

Só conquistamos amigos verdadeiros quando exprimimos sentimentos sinceros, respeito pelo próximo e preocupação pelos seus direitos. É fácil vivenciar esses sentimentos no nosso dia a dia. Não é necessário ler complicados tratados filosóficos a respeito, pois no cotidiano essa experiência é uma realidade. A prática da compaixão, da sinceridade e do amor é fonte inesgotável de felicidade e satisfação. Ao desenvolvermos uma atitude altruísta, desenvolvemos automaticamente a preocupação pelo sofrimento alheio e, ao mesmo tempo, a determinação de fazer algo para proteger seus direitos e nos interessar por sua sorte. [...]

Dalai Lama. *Perspectivas de um Monge Budista*. Disponível em: <www.dalailama.org.br/>. Acesso em: 15 mar. 2018.

a) O Dalai Lama afirma: "Todos nós, desde a mais tenra idade à velhice, apreciamos a ajuda e o carinho que as pessoas nos dispensam. Infelizmente, no decorrer de nossa vida, à medida que nos tornamos independentes, muitas vezes negligenciamos o valor do carinho e da compaixão". No entanto, nas grandes cidades, é cada vez mais comum vermos pelas ruas crianças e idosos abandonados à própria sorte. Discuta com seus colegas o que está faltando para que possamos mudar essa situação.

b) Segundo o Dalai Lama, apenas ganhamos amigos de verdade quando exprimimos respeito pelos outros e preocupação pelos seus direitos. E não precisamos ler complicados tratados filosóficos; nós vivenciamos isso no dia a dia. Você coloca isso em prática?

3) Procure saber se na sua escola ou no seu bairro há alguém que pratique o budismo. Em caso positivo, organize, em conjunto com seus colegas, uma entrevista para fazer com essa pessoa.

> Vendei vossos bens e dai esmola; fazei para vós bolsas que não se desgastem, um tesouro inesgotável nos céus, onde os ladrões não podem chegar nem a traça destruir. Pois, onde estiver vosso tesouro, ali estará vosso coração.
>
> **Jesus.**
> In: Lucas 12,33-34. *A Bíblia:* Novo Testamento. São Paulo: Paulinas, 2015. p. 197.

Estátua de Sócrates, localizada na Academia de Atenas, Grécia, 2016.

6 Pensando sobre o bem e o mal

O homem que procurou entender o que é o bem

Depois de conhecer Confúcio e Buda no Oriente, vamos falar de um homem, da Grécia antiga, que influenciou muito a história da humanidade. Seu nome era Sócrates, e, assim como Pitágoras, ele era filósofo.

De Agostini/Getty Images

Busto do filósofo Sócrates.

Sócrates queria entender o que é a virtude, a capacidade do ser humano de fazer o bem. Há muitas informações diferentes sobre Sócrates, pois ele próprio nada escreveu. Quem fez registros a seu respeito foram os amigos e até os inimigos. Um de seus alunos mais importantes foi Platão, também filósofo, e é em sua obra, escrita há quase 2500 anos, que buscamos as principais narrativas sobre Sócrates.

EU COMIGO

Antes de conhecer Sócrates, escreva qual a sua ideia sobre o bem e o mal. (Não vale dizer apenas que um é o oposto do outro.) Depois, observe ao longo deste capítulo se suas ideias estão de acordo com as de Sócrates, se são diferentes ou se você as modificou depois que conheceu o modo de pensar dele.

Visitando a Grécia

Vamos nos transportar até a Grécia do século V a.C. Lá localizamos Atenas, uma bela cidade, com muitas estátuas e monumentos, além de praças e templos repletos de colunas harmoniosas e pinturas cheias de graça.

Na Grécia, surgiu a democracia, sistema político em que os cidadãos opinam, votam e participam das decisões políticas. Mas a democracia grega não era como hoje: mulheres, escravos e estrangeiros não eram considerados cidadãos e não participavam das decisões políticas.

Democracia: a palavra *democracia* vem do grego *demo* (povo) + *kratos* (governo), ou seja, governo do povo. Democracia é um sistema político em que o povo participa das decisões políticas por meio do voto, em que representantes são escolhidos para atender os interesses da população.

Naquela época, era muito importante saber falar e fazer discursos. Afinal, quem convencia o povo de que estava dizendo a verdade ou que tinha razão conseguia votos e ganhava poder! Assim, surgiram os chamados sofistas, que ensinavam a oratória – a arte de falar – e cobravam caro por esse ensino. Mas a eles não interessava **o que** seus alunos falassem: para os sofistas, não existiam nem mal nem bem; tudo era uma questão de opinião.

Graças à oratória, muitos políticos falavam de forma elegante, mas sem se importar com a verdade, e conseguiam votos para decisões muitas vezes injustas. Queriam poder, fama e dinheiro, sem pensar no bem da sociedade e na justiça de seus atos. Até hoje, aliás, a democracia enfrenta este problema: políticos que prometem e não cumprem o que prometeram.

Foi nesse contexto que apareceu Sócrates.

Acrópoles em Atenas, Grécia.

Antonis Kanaris/Shutterstock

O sábio que sabia que nada sabia

Sócrates nasceu por volta do ano 470 a.C., na cidade de Atenas. Seu pai, Sofronisco, era escultor e sua mãe, Fenareta, era parteira. Casou-se com Xantipa e teve três filhos. A princípio, dedicou-se à profissão do pai, depois tornou-se um corajoso guerreiro, em batalhas entre Atenas e outras cidades gregas. Mas o que Sócrates principalmente fez na vida foi filosofar.

Como já vimos, filosofar é ser amigo da sabedoria. É buscar sempre a verdade. É querer conhecer sempre mais a respeito das coisas e nunca se contentar com aquilo que já se sabe. É fazer perguntas profundas sobre assuntos essenciais.

O maior interesse de Sócrates era em relação à moral. Ele queria saber o que eram a justiça, o bem, a coragem... todas essas formas de comportamento humano que são chamadas de virtudes.

Moral: conjunto de princípios ou valores que orientam o comportamento humano.

Oráculo de Delfos: famoso templo grego que, segundo as crenças da época, era protegido pelo deus Apolo, que se manifestava através de videntes chamadas pitonisas.

Sócrates não era como os sofistas, que cobravam das pessoas para ensinar. Ele filosofava gratuitamente em praça pública, com qualquer um que quisesse. E também tinha uma forma diferente de filosofar: conversando com os outros. Ao contrário dos sofistas, Sócrates achava que existiam, sim, o bem e o mal e também a verdade. Mas ele não ensinava o que era essa verdade. Ele não apresentava conceitos prontos: "a justiça é isso; a coragem é aquilo...".

Ele ajudava a descobrir a verdade. Ia fazendo perguntas até a pessoa chegar à resposta. Dizia que havia herdado de sua mãe o gosto por fazer partos, só que, enquanto a mãe fazia partos de crianças, ele fazia partos de ideias: conseguia extrair a verdade de dentro dos seres humanos. Era, portanto, um educador. Ajudava os outros a aprender por si mesmos.

Ruínas do Templo de Apolo, onde se localizava o Oráculo de Delfos.

Alamy/Fotoarena

Platão conta que, certo dia, perguntaram à pitonisa (espécie de vidente da época) do Oráculo de Delfos quem era o homem mais sábio da Grécia. E, por intermédio da pitonisa, o deus Apolo respondeu: "Sócrates".

Foram correndo dizer a Sócrates o que o Oráculo havia afirmado. Ele ficou bastante surpreso e perguntou a si mesmo por que seria ele o mais sábio, se havia tanta gente mais sábia do que ele. Foi, então, conversar com todos os que eram considerados sábios e descobriu que eles não sabiam muita coisa. Pior: eles achavam que sabiam muito! Assim, Sócrates descobriu por que era ele o mais sábio:

[...] como nada sei, nada julgo saber. E nisto parece-me que sou um pouco mais sábio [...] por não julgar saber as coisas que não sei. [...]

PLATÃO. *Êutifron, Apologia de Sócrates, Críton*. 4. ed. Tradução de José Trindade Santos. Lisboa: Imprensa Nacional – Casa da Moeda, 1983. p. 72.

Para Sócrates, sabedoria não era saber tudo, mas querer sempre saber mais e ter consciência de que ainda se sabe muito pouco. Quem sabe que não sabe quer aprender mais...

Mas, assim como muita gente que, com atos de bravura e bondade, ajudou a mudar o mundo, Sócrates sofreu perseguições. Ele criticava as injustiças e aqueles que se achavam sábios e não o eram. Com isso, ganhou muitos inimigos, que inventaram calúnias contra ele, dizendo que corrompia a juventude e criticava os deuses.

Aos 71 anos de idade, em 399 a.C., Sócrates foi levado ao tribunal, onde se defendeu dessas mentiras. Disse que sua ocupação de filósofo era para tornar a cidade de Atenas mais justa. Explicou que chamava a atenção das pessoas para que não fossem tanto atrás de dinheiro, luxo e poder, pois o mais importante era aperfeiçoar a alma e ser justo e bom.

Sua brilhante defesa de nada adiantou: foi condenado à morte. Entre os gregos, a morte de um condenado se dava pelo envenenamento com cicuta, uma planta mortífera.

Mas Sócrates não ficou desesperado. Primeiro, disse que era melhor morrer e continuar fiel à verdade do que viver tendo de desmentir suas palavras. Depois, explicou que a morte era uma passagem para outra vida. Ele acreditava que, embora o corpo morresse, a alma continuaria eternamente viva.

kostrez/Shutterstock
Cicuta.

O X DA QUESTÃO

1) Os sofistas diziam que não existem nem bem nem mal, que tudo depende do ponto de vista. Você concorda com esse pensamento ou discorda dele? Por quê?

2) Por que Sócrates foi condenado à morte?

3) Se Sócrates desmentisse tudo o que ensinava, ele teria sido salvo da condenação. Mas ele não quis fazer isso. Qual é sua opinião sobre essa atitude?

4) Esta tirinha, de autoria do cartunista brasileiro Carlos Ruas, propõe um encontro hipotético entre Deus e o filósofo Sócrates. Leia-a e justifique a resposta que Sócrates dá a Deus no segundo quadro.

Carlos Ruas/Acervo do cartunista

RUAS, Carlos. *Sócrates 7*. Disponível em: ‹www.umsabadoqualquer.com/858-socrates-7/›. Acesso em: 16 mar. 2018.

BEBENDO NA FONTE FILOSÓFICA

A morte de Sócrates

No momento de Sócrates beber a cicuta, os amigos estavam tristes à sua volta. Platão conta esse momento impressionante em seu livro *Fédon*:

[...] Apresentou-se então o servidor dos Onze [os juízes que o haviam condenado], e, em pé, diante dele disse:

– Sócrates, por certo não me darás a mesma razão de queixa que tenho contra os outros! Esses enchem-se de cólera contra mim e me cobrem de imprecações quando os convido a tomar o veneno, porque tal é a ordem dos Magistrados. Tu, como tive muitas ocasiões de verificar, és o homem mais generoso, o mais brando e o melhor de todos aqueles que passaram por este lugar. E, muito particularmente hoje, estou convencido de que não será contra mim que sentirás ódio, pois conheces os verdadeiros culpados, mas contra eles. Não ignoras o que vim anunciar-te, adeus! Procura suportar da melhor forma o que é necessário!

Ao mesmo tempo pôs-se a chorar e, escondendo a face, retirou-se. Sócrates tendo levantado os olhos para ele:

Cólera: raiva, irritação.
Imprecações: xingamentos, ofensas.
Magistrados: juízes.

– Adeus! – disse. – Seguirei o teu conselho.

Depois, voltando-se para nós:

– Quanta gentileza neste homem! Durante toda a minha permanência aqui [na prisão] veio várias vezes ver-me, e até conversar comigo. Excelente homem! E, hoje, quanta generosidade no seu pranto! Pois bem, avante! Obedeçamos-lhe, Críton [um amigo de Sócrates], e que me tragam o veneno se já está preparado; se não, que o prepare quem o deve preparar! [...] Críton fez sinal a um de seus servidores que se mantinham nas proximidades. Este saiu e retornou daí a poucos instantes, conduzindo consigo aquele que devia administrar o veneno. Este homem o trazia numa taça. Ao vê-lo Sócrates disse:

– Então, meu caro! Tu que tens experiência disto, que é preciso que eu faça?

Sócrates cercado pelos amigos, pouco antes de morrer. Quadro de Charles Dufresnoy (1611-1668), intitulado *A morte de Sócrates*.

Bridgeman Images/Glow Images/Galleria degli Uffizi, Florença, Itália

– Nada mais – respondeu – do que dar umas voltas caminhando, depois de haver bebido, até que as pernas se tornem pesadas, e em seguida ficar deitado. Desse modo o veneno produzirá seu efeito.

Dizendo isso, estendeu a taça a Sócrates. Este a empunhou, [...] conservando toda a sua serenidade, sem um estremecimento, sem uma alteração, nem da cor do rosto, nem dos seus traços. [...] assim falou:

– [...] é mesmo um dever, dirigir aos deuses uma oração pelo bom êxito desta mudança de residência, daqui para além. É esta minha prece; assim seja!

E em seguida, sem sobressaltos, sem relutar nem dar mostras de desagrado, bebeu até o fundo.

Relutar: hesitar.

Nesse momento nós, que então conseguíramos com muito esforço reter o pranto, ao vermos que estava bebendo, que já havia bebido, não nos contivemos mais. Foi mais forte do que eu. As lágrimas me jorraram em ondas [...] De resto, incapaz, muito antes de mim, de conter seus soluços, Críton se havia levantado para sair. E Apolodoro [outro amigo de Sócrates], que mesmo antes não cessara um instante de chorar, se pôs então, como lhe era natural, a lançar tais rugidos de dor e de cólera, que todos os que o ouviram sentiram-se comovidos, salvo, é verdade, o próprio Sócrates:

– Que estais fazendo? – exclamou. – Que gente incompreensível! [...] segundo me ensinaram, é com belas palavras que se deve morrer. Acalmai-vos, vamos! Dominai-vos!

Ao ouvir esta linguagem, ficamos envergonhados e contivemos as lágrimas.

Quanto a Sócrates, pôs-se a dar umas voltas no quarto, até que declarou sentir pesadas as pernas. Deitou-se então de costas, assim como lhe havia recomendado o homem. [...] Sócrates já se tinha tornado rijo e frio em quase toda a região inferior do ventre, quando descobriu sua face, que havia velado, e disse estas palavras, as derradeiras que pronunciou:

– Críton, devemos um galo a Asclépio [deus protetor da medicina]; não te esqueças de pagar essa dívida.

– Assim farei – respondeu Críton. – Mas vê se não tens mais nada para dizer-nos.

A pergunta de Críton ficou sem resposta. Ao cabo de breve instante, Sócrates fez um movimento. O homem então o descobriu. Seu olhar estava fixo. Vendo isso, Críton lhe cerrou a boca e os olhos.

Tal foi [...] o fim de nosso companheiro. O homem de quem podemos bendizer que, entre todos os de seu tempo que nos foi dado conhecer, era o melhor, o mais sábio e o mais justo.

Platão. *Fédon*. In: *Platão:* diálogos. 2. ed. São Paulo: Abril Cultural, 1983. p. 124-126. (Os pensadores).

O QUE VOCÊ ENTENDEU?

1) Por que Sócrates repreendeu os amigos que estavam chorando?

2) Qual a principal virtude que Sócrates demonstrou na hora de sua morte? Como você definiria essa virtude?

Teatro de Herodes, Grécia.

Alamy/Fotoarena

AGORA É COM VOCÊ

Sob a orientação do professor, com seus colegas, forme dois ou mais grupos para montar a encenação da morte de Sócrates. Procurem fazer, de fato, como no teatro grego. Vocês precisarão pesquisar:

- o texto de Platão para conhecê-lo inteiro;
- como era o teatro grego, as roupas que eles usavam, o cenário, etc.

Depois montem tudo e apresentem, um grupo de cada vez, sua versão da peça "A morte de Sócrates".

FALANDO DE ÉTICA

A ética do "depende" e a ética do "sempre"

Leia o poema a seguir:

O que depende do quê?

Na ética do "depende",
Não há certo, nem errado,
Tudo depende de tudo
E as coisas têm mais de um lado!

Depende se você está
No Brasil ou no Japão,
E o que é bom para você
Pode não ser pra mim não!

Verdade ou falso? Depende
De cada ponto de vista,
Nada pode ser seguro:
Alerta o relativista.

Já a ética do "sempre"
Concorda e diz: tudo bem!
As coisas mudam no tempo,
Mas outras estão além.

Costumes, modas e regras
Trocam-se em cada país,
Mas sempre igual é o que faz
O ser humano feliz!

Bondade, justiça, amor,
Não têm cor, nem religião,
Não têm fronteiras, nem raça,
Pois moram no coração...

Qualquer ser humano sabe
Ser irmão do outro irmão
Só quem é cego da alma
Esquece essa obrigação.

A ética do absoluto
Diz que é em toda parte igual
A medida do que é bom
E a medida do que é o mal.

E isso se dá pelo fato
Que todo homem já tem
Posta pelo Criador
Uma semente do Bem!

INCONTRI, Dora.

A ética pode ser definida como o ramo da filosofia que estuda o comportamento moral do ser humano. Muitos estudiosos consideram Sócrates um dos pais da ética no mundo ocidental. Quer dizer que antes de Sócrates as pessoas viviam sem moral? Não! É que, antes dele, a moral era a da religião – como os dez mandamentos de Moisés – ou dependia dos costumes da sociedade.

Ética: trata-se de um conceito cuja definição varia de acordo com a corrente filosófica. Neste livro, ela aparece como estudo e busca de princípios e valores universais para a conduta humana. Está relacionada à ideia de distinguir os atos bons dos atos maus, o que é certo do que é errado.

Foi Sócrates quem primeiro se preocupou em filosofar sobre ética, saindo do campo da religião. Até os nossos dias, existem duas maneiras principais de entender a ética: à maneira dos sofistas e à maneira de Sócrates e de seu discípulo Platão.

A primeira é a ética *relativista*, que aqui estamos chamando de ética do "depende". Segundo essa ideia, não existem conceitos universais do bem. Tudo depende de cada pessoa, de cada situação, de cada povo, de cada cultura.

Já a outra é a ética do *absoluto* ou, como estamos dizendo aqui, a ética do "sempre". Segundo ela, existem algumas ideias realmente relativas, mas nem todas. Há alguns princípios que nunca mudam, que valem para qualquer ser humano, para qualquer povo, em qualquer época da humanidade: são universais e eternos. As religiões, geralmente, pregam a ética universal. Mas às vezes pode acontecer de alguns religiosos confundirem alguma regra passageira, de uma época, com um princípio universal. Os princípios universais são sempre grandes princípios, como amor, compaixão, justiça. As regras e costumes se referem ao modo de vestir, de se alimentar, de se comunicar, etc.

AGORA É COM VOCÊ

Pense em, pelo menos, três argumentos (motivos, razões) em defesa da ética do "depende" ou da ética do "sempre".

Com qual das duas você concorda e por quê?

NO DIA A DIA

Aninha está acompanhando com entusiasmo a história de Daniel, uma personagem de novela de televisão. Daniel sai todas as noites, troca de namorada quase toda semana ou todo mês e só pensa numa coisa: ficar rico a qualquer custo. Aninha acha Daniel bonito, charmoso e inteligente. Adora quando, na novela, alguém o aconselha a ter mais juízo e Daniel responde: "Cada um na sua, cara! O que é errado para você pode ser certo para mim. Cada um faz o que quer! Não se mete, tá?".

Pense nestas questões:

1) Qual o tipo de ética que Daniel está defendendo?

2) O que, na sua opinião, diria Sócrates ao ver Aninha entusiasmada com a história de Daniel?

SESSÃO DE CINEMA

Hércules

Direção de John Musker e Ron Clements. Estúdios Walt Disney, 1997.

História do herói grego que tem de provar sua coragem para voltar a ser um deus.

Procure assistir ao filme indicado pensando sobre esta questão:

O tipo de coragem que Hércules teve de mostrar para ser imortal é a mesma coragem de Sócrates?

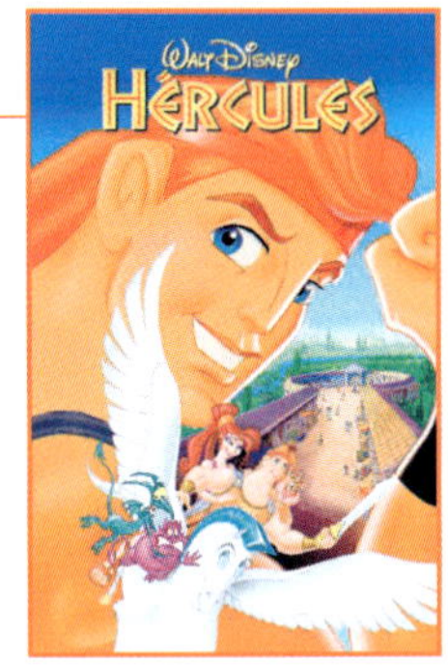

Ron Clements/John Musker/Walt Disney Pictures

FALANDO DE POLÍTICA

Como governar ou não governar?

Desde que o ser humano existe na Terra, já inventou muitas formas de governo. A maioria das pessoas acha que é preciso que alguém ou um grupo mande, ou organize tudo, para a sociedade viver em paz. Todas as sociedades têm leis – orais ou escritas, dependendo do caso – e os governos geralmente devem fazê-las valer.

Platão foi um dos filósofos que primeiro estudou as formas de governo. Vejamos algumas que já foram experimentadas pela humanidade.

Quando um rei governa e passa seu cargo para seus descendentes, o sistema é chamado de *monarquia*. Quando poucos grupos que têm dinheiro governam, diz-se que é uma *oligarquia*.

Hugo Burnand/Clarence House/Agência France-Presse

O Reino Unido possui um sistema monárquico de governo. A rainha Elizabeth II, sentada de amarelo, é a chefe de Estado do governo. Foto de 2011.

A passagem do poder dos considerados "melhores" – quer dizer, nobres, gente da qual se diz que tem "sangue azul" – para seus filhos é chamada de *aristocracia*. Quando uma pessoa ou um grupo tomava o poder à força e o mantinha com violência e desrespeito às leis, os gregos chamavam de *tirania*; hoje em dia, nós dizemos que é uma *ditadura*. Quando é o povo que escolhe e participa do governo, independentemente de ser rico ou pobre, se não há ninguém que, por herança, é considerado "melhor" e assume o poder, então, finalmente, tem-se uma *democracia*.

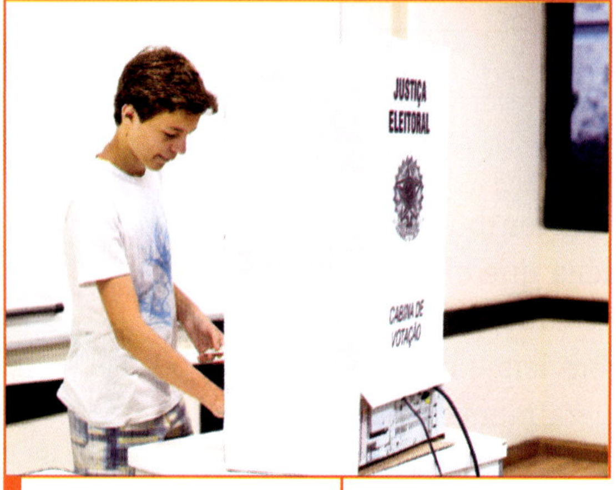

Luciana Whitaker/Pulsar Imagens

Na democracia, as pessoas elegem o representante para governar por meio do voto, que deve ser muito consciente.

Certos pensadores achavam que nenhuma dessas formas servia para a felicidade humana: o melhor seria não haver governo nenhum e as pessoas se organizarem livremente em pequenas associações. Ligados por laços de solidariedade e educados com liberdade, os seres humanos poderiam aprender a viver sem leis, sem polícia, sem exércitos, sem governantes. Isso é o que se chama *anarquia*, ou ausência de governo. Nesse sentido, *anarquia* não é bagunça, mas uma organização livre.

AGORA É COM VOCÊ

Qual desses sistemas você prefere e por quê?

DE OLHO NO BRASIL

A águia de Haia

No Brasil, também tivemos – e temos – pessoas que lutaram por um governo justo e por ética na política. Uma delas foi o baiano Rui Barbosa (1849-1923), advogado, jornalista, escritor, político, diplomata e orador.

No começo, Rui Barbosa lutou contra a escravidão; depois, quando foi proclamada a República, passou a lutar por um exercício sério do poder. Foi deputado e senador diversas vezes e candidato à Presidência do Brasil. Acreditava na liberdade, em Deus, na justiça e no direito, e dizia que o mais importante no Brasil seria a educação do povo.

Em 1907, foi enviado pelo governo para representar o Brasil em Haia, na Holanda, na Segunda Conferência da Paz, evento de grande importância no qual representantes de diversos países se reuniram para buscar formas de manter a paz no mundo. Na ocasião, ele impressionou o mundo com sua eloquência – poder de convencimento – na defesa da paz e da liberdade e do direito igual entre os povos. Foi então que ganhou o apelido de "águia de Haia".

Apesar de sua fama internacional, Rui Barbosa não era vaidoso. A declaração a seguir, por exemplo, lembra bastante a de Sócrates, fazendo-nos pensar que todo sábio deve ser modesto:

> *[...] Estudante sou. Nada mais. Mau sabedor, fraco jurista, mesquinho advogado, pouco mais sei do que saber estudar, saber como se estuda, e saber que tenho estudado. Nem isso mesmo sei se saberei bem. [...]*

BARBOSA, Rui. *Oração aos moços*. Disponível em: <www.academia.org.br/academicos/rui-barbosa/textos-escolhidos>. Acesso em: 20 out. 2017.

Rui Barbosa defendeu a ideia da separação entre Estado e religião, muito importante historicamente e até hoje aceita pela maioria dos povos, porque com ela a prática das religiões fica mais livre e o Estado não fica submetido a nenhuma religião. Além disso, como em qualquer sociedade geralmente há pessoas de diferentes religiões, não é justo que apenas uma delas seja a religião oficial do Estado. Assim era no Brasil, no tempo do Império, em que a religião oficial era a católica.

Reprodução/Acervo Iconographia

Rui Barbosa, em 1907.

Com a proclamação da República em 1889, o Brasil passou a ser considerado um Estado *laico*, isto é, não há uma religião oficial no país e ele deve ser neutro diante de todas as religiões, garantindo que todas sejam respeitadas e tenham os mesmos direitos na sociedade. Mas, muitas vezes, assistimos no Brasil a uma mistura entre assuntos de interesse público e religioso. Atualmente vemos que, no Congresso brasileiro, há um crescimento cada vez maior da influência da chamada "bancada evangélica", que busca agir principalmente de acordo com seus interesses. Quando isso acontece, há perigo de perda de liberdade religiosa no país, sobretudo em relação àquelas religiões minoritárias, mas também há risco de perda de direitos sociais importantes por causa de preconceitos.

E PARA TERMINAR

Neste capítulo, você viu que procurar a justiça e ter virtudes não significa ser uma pessoa obediente e submissa.

Leia este poema de Ruth Rocha e reflita sobre o que ele quer dizer.

Quem tem medo de dizer não?

A gente vive aprendendo
A ser bonzinho, legal,
A dizer que sim pra tudo,
A ser sempre cordial...

A concordar, a ceder,
A não causar confusão,
A ser vaca-de-presépio
Que não sabe dizer não!

Acontece todo dia,
Pois eu mesma não escapo.
De tanto ser boazinha,
Tô sempre engolindo sapo...

Como coisas que não gosto,
Faço coisas que não quero...
Deste jeito, minha gente,
Qualquer dia eu desespero...

A gente sempre demora
A entender esta questão.
Às vezes custa um bocado
Dizer simplesmente não!

Mas depois que você disse
Você fica aliviada
E o outro que lhe pediu
É que fica atrapalhado...

Mas não vamos esquecer
Que existe o "por outro lado"...
Tudo tem direito e avesso,
Que é meio desencontrado...

Quero saber dizer NÃO.
Acho que é bom para mim.
Mas não quero ser do contra...
Também quero dizer SIM!

[...]

ROCHA, Ruth. *Ruth Rocha e a arte de ser do contra*. Disponível em: <https://novaescola.org.br/conteudo/3222/quem-tem-medo-de-dizer-nao>. Acesso em: 15 mar. 2018.

1) Baseando-se nos textos do capítulo e no poema de Ruth Rocha, cite algumas situações em que devemos dizer "não".

2) Você vê alguma relação entre o poema de Ruth Rocha e a vida de Sócrates? Às coisas que Ruth Rocha sugere que digamos não são as mesmas a que Sócrates disse não?

> Onde está escrita a lei de Deus?
> – Na consciência.
>
> **KARDEC, Allan.**
>
> *O livro dos espíritos*. Tradução de J. Herculano Pires. 8. ed. São Paulo: Edições FEESP. p. 247.

Erich Lessing/Album/Fotoarena/Mosteiro do Escorial, San Lorenzo de El Escorial, Madrid, Espanha

Deus Pai e Deus Espírito Santo, afresco de Paolo Veronese (1528-1588).

7 Deus como pai

O homem que mudou o mundo

Depois de 2 mil anos, a história de Jesus de Nazaré ainda fascina o mundo. Mais de 2 bilhões de pessoas se declaram cristãs, ou seguidoras de Cristo, em todo o mundo. Para os cristãos, ele é muito mais que um sábio, muito mais que um homem virtuoso: é o Filho de Deus que se encarnou para salvar os seres humanos.

Carpinteiro, pobre, sem projeção política, sem poderes terrenos, Jesus não foi sacerdote ou doutor, não governou nenhum país nem estudou nenhuma ciência. Mas foi uma pessoa tão importante que, no mundo ocidental, passamos a contar o tempo antes e depois do seu nascimento. O ano de seu nascimento é considerado o **ano 0** (zero). É que muitos povos entenderam que a história passou a ter outro significado depois da vinda de Jesus.

De Agostini Picture Library/L. Romano/Glow Images/Palazzo dei Normanni, Sicília, Itália

Cristo Pantocrator, mosaico do século XII, localizado na cúpula da Capela Palatina, na Sicília, Itália.

O X DA QUESTÃO

Você considera justificável o mundo ocidental mudar o calendário por causa de Jesus? Explique sua resposta.

AGORA É COM VOCÊ

Sob a orientação do professor, forme grupo com seus colegas para fazer a seguinte montagem:

- juntem duas ou três cartolinas ou papel-cartão (ou, se possível, façam um quadro comprido de madeira);
- desenhem uma linha do tempo com datas, imagens e fatos relativos ao que foi visto até agora no livro;
- pesquisem figuras das personalidades estudadas ao longo deste livro (Moisés, Pitágoras, Confúcio, Buda, Sócrates, Jesus, Maria, Paulo, Lutero, Maomé, Francisco de Assis, Allan Kardec, Gandhi, Martin Luther King). Mas atenção: não encerrem a atividade neste capítulo; continuem o quadro até o final do ano.

Seria ele o messias esperado?

Na época em que viveu Jesus, o Império Romano, um dos mais poderosos que o mundo já conheceu, dominava grande parte da Europa e do Oriente Médio. A sede do império era a cidade de Roma, luxuosa e poderosa, e o imperador era adorado como um deus entre os homens.

Os judeus, também dominados por Roma, eram um dos povos revoltados contra essa situação. Eles eram monoteístas, isto é, acreditavam num Deus único, e havia em seu meio muitos profetas. Entre os grandes profetas do povo de Israel, houve um que anunciou a vinda de um messias, um salvador, alguém que iria trazer novos tempos para a humanidade. Esse profeta foi Isaías, que viveu cerca de setecentos anos antes de Cristo.

Quando Jesus nasceu, quem estava no poder era Otávio Augusto, num período conhecido como a "paz romana". Com seus exércitos usando de muita violência e força, Roma havia conseguido submeter muitos povos ao seu domínio. Era uma paz resultante da violência, da opressão e da dominação.

Messias: o salvador, o esperado para redimir o mundo, o enviado de Deus, o libertador de injustiças e opressões, aquele que luta por uma vida mais digna e justa, aquele que busca o reino de Deus e sua justiça.

Evangelhos: do grego *euangélion*, que significa "boa-nova". Referem-se tanto à mensagem de Jesus e seus apóstolos como aos escritos nos quais ela foi registrada: os quatro livros (Mateus, Marcos, Lucas e João) que, no Novo Testamento, relatam sua vida e seus ensinamentos.

Assim como Sócrates, Confúcio e Buda, Jesus nada escreveu. Foram seus discípulos que contaram sua vida e transmitiram seus ensinamentos. Os evangelhos que conhecemos, que fazem parte do Novo Testamento e contêm esses relatos, foram escritos pelo menos quarenta anos depois de sua morte.

Os evangelhos de Lucas e de Mateus contam o misterioso nascimento de Jesus: Maria, noiva de José, um carpinteiro de grandes virtudes, recebeu a visita de um anjo que anunciou que ela daria à luz um filho unicamente por intervenção de Deus – portanto de maneira inexplicável do ponto de vista biológico. Também por intermédio de um anjo, José soube que teriam um filho dessa maneira. Os dois, então, uniram-se sabendo que iriam receber um filho com uma missão especial.

Estátua do profeta Isaías em Roma, na Itália. Isaías profetizou a vinda de um messias entre os judeus.

E assim, como disse Isaías:

[...] uma criança nasceu para nós,
um filho nos foi dado.
A soberania repousa nos seus ombros.
Proclama-se o seu nome:
"Conselheiro Maravilhoso, Deus Forte,
Pai para sempre, Príncipe da paz".

Isaías 9,5. *Bíblia:* tradução ecumênica. São Paulo: Edições Loyola, 1994. p. 618.

Segundo o Evangelho de Mateus, Jesus era descendente do rei Davi (o rei pastor que escreveu belos salmos), e seu nascimento foi cercado de milagres. Na época, os romanos estavam fazendo um recenseamento – a contagem da população. José e Maria, que viviam em Nazaré, pequena aldeia judaica, foram para Belém, pois, como descendentes da casa de Davi, deveriam participar do recenseamento na cidade de sua família.

Quando o casal chegou a Belém, não havia lugar para se hospedarem e estava quase na hora de Maria dar à luz. Procuraram muito, mas ninguém tinha um quarto. Assim, Jesus nasceu e, após ser envolvido em faixas de pano, foi deitado em uma manjedoura.

A Bíblia conta que, no momento em que Jesus veio ao mundo, havia alguns pastores tomando conta de seu rebanho nas redondezas. Eles foram chamados pela voz dos anjos, que diziam:

Glória a Deus no mais alto dos céus
e paz na terra aos homens que ele ama.

Lucas 2,14. *Bíblia de Jerusalém*. São Paulo: Paulus, 2012. p. 1790.

Bridgeman Images/Glow Images/Scuola Grande di San Rocco, Veneza, Itália

A Anunciação, de Titian (1488-1576).

A adoração dos magos, de Claude Vignon (1593-1670).

Ao mesmo tempo, estavam a caminho três magos, vindos do Oriente guiados por uma estrela que ia à sua frente, os quais também haviam sido avisados do nascimento do messias. Eles conseguiram encontrar a casa onde Maria, José e a criança estavam porque a estrela que os guiava parou sobre o local. Ao verem o menino, ajoelharam-se emocionados e o adoraram, oferecendo-lhe ricos presentes: ouro, incenso e mirra.

Doutores da lei: no judaísmo, os especialistas na Torá, código de leis divinas.

Não se sabe muito sobre a infância de Jesus, a não ser um episódio de quando ele ainda tinha 12 anos. Conta-se que Maria e José o levaram a Jerusalém, cidade sagrada dos judeus, para as festas da Páscoa, em que até hoje o povo de Israel comemora a sua libertação do Egito.

Na volta para Nazaré, José pensou que o menino estivesse com a mãe, no grupo das mulheres, e Maria pensou que ele estivesse com o pai, no grupo dos homens. Quando pararam, descobriram que Jesus havia ficado em Jerusalém.

Voltaram aflitos e viram uma cena incrível: o menino estava conversando com os mestres e doutores da lei judaica, e estes estavam admiradíssimos com sua sabedoria. Diante da repreensão de Maria, Jesus respondeu:

> *[...] Não sabíeis que devo estar na casa de meu Pai?*

Lucas 2,49. *Bíblia de Jerusalém*. São Paulo: Paulus, 2012. p. 1792.

Jesus com doze anos de idade em frente aos escribas, de Rembrandt (1606-1669).

A missão de Jesus

Jesus cresceu ao lado de Maria e de José, ajudando o pai na carpintaria. Quando completou 30 anos, saiu de casa e foi dedicar-se à sua missão, que durou apenas três anos.

Saiu a fazer suas pregações, convidando as pessoas a segui-lo. Conquistou muitos discípulos: a maioria gente do povo, pescadores da região, entre os quais escolheu doze para serem os apóstolos do seu Evangelho. Entre eles estavam Pedro, André, Tiago, Mateus e João. Algumas mulheres também o seguiam: Maria Madalena, Marta, Míriam, Joana de Cusa.

Ele andava pelos caminhos, pelos montes, à beira dos lagos, com uma túnica simples e cabelos longos. Curava os cegos, os paralíticos, os leprosos; acolhia as criancinhas, os velhos, os homens e as mulheres; contava histórias; dizia coisas que jamais alguém tinha ouvido.

O povo o seguia com admiração. Aonde quer que fosse, multidões o acompanhavam. Certa vez, depois de horas em que uma grande multidão o estava ouvindo no alto de um monte, fez multiplicarem-se cinco pães e dois peixes: sem que ninguém pudesse explicar, os alimentos que ele compartilhou foram suficientes para alimentar todas as pessoas e ainda encheram doze cestos com o que sobrou.

As curas que Jesus realizava também impressionavam. Apenas com um olhar seu, às vezes com um só toque de suas mãos ou suas vestes, doentes libertavam-se de antigos males, cegos ganhavam a visão e paralíticos voltavam a andar.

Sua sabedoria confortava as almas sofredoras. Ele dizia:

> *Vinde a mim todos os que estais cansados sob o peso do vosso fardo e vos darei descanso.*
>
> Mateus 11,28. *Bíblia de Jerusalém*. São Paulo: Paulus, 2012. p. 1724.

A cura do leproso, de Harold Copping (1863-1932).

Bridgeman Images/Glow Images/Arquivo Look and Learn

Apóstolos: aqueles que se dedicam de corpo e alma, com devoção, desinteresse pessoal e amor, a uma religião ou a uma causa, divulgando-a. No cristianismo, trata-se dos doze escolhidos por Jesus como seus companheiros, cuja missão era anunciar o Evangelho.

Leprosos: portadores de lepra, ou hanseníase, doença infecciosa e contagiosa, causada por uma bactéria, que produz lesões na pele e nos nervos. O nome "hanseníase" refere-se ao médico norueguês Gerhard A. Hansen (1841-1912), que descreveu a doença. Durante muitos séculos, os portadores dessa doença foram isolados da sociedade, por medo do contágio. Hoje, trata-se de uma doença curável e que, mediante tratamento, deixa de ser contagiosa. Ainda assim, muitos preconceitos persistem em relação ao assunto.

Heritage Images/Getty Images

Cristo na sinagoga de Nazaré, afresco bizantino do século XIV, no mosteiro ortodoxo Visoki Dečani, em Kosovo, Sérvia.

Assim se confirmava o que dissera Isaías:

O Espírito do Senhor Deus está sobre mim:
o Senhor fez de mim um messias,
ele me enviou a levar alegre mensagem aos humilhados,
medicar os que têm o coração confrangido,
proclamar aos cativos a liberdade [...].

Isaías 61,1. *Bíblia:* tradução ecumênica. São Paulo: Edições Loyola, 1994. p. 697-698.

Os ensinamentos de Jesus eram diferentes das leis que os povos antigos conheciam: Jesus dizia às pessoas que perdoassem umas às outras, que jamais se vingassem do mal que tivessem recebido e ajudassem o próximo sem querer nenhuma recompensa. E ele mesmo dava o exemplo de tudo isso.

EU COMIGO

"Se eu encontrasse Jesus, o que lhe diria? Pediria alguma coisa, agradeceria, perguntaria? O que eu lhe contaria?"

Bridgeman Images/Glow Images/ Coleção particular

Händel.

SESSÃO DE MÚSICA

Uma criança nasceu para nós
Aleluia

de Georg Friedrich Händel (1685-1759).

Essas músicas pertencem a uma grande composição musical de Händel intitulada *O Messias*, que celebra a vida, a morte e a ressurreição de Jesus.

Ouça as músicas indicadas e reflita:

De que modo o nascimento de Jesus modificou a vida das pessoas?

A morte de Jesus

As multidões seguiam Jesus pedindo-lhe curas e bênçãos. Mas alguns judeus começaram a se incomodar com os ensinamentos daquele mestre, principalmente certos líderes do Sinédrio – o tribunal que julgava os judeus.

Para eles, Jesus dizia e fazia coisas contrárias às leis de Moisés. Por exemplo: segundo a lei judaica, as mulheres consideradas infiéis ao marido deveriam morrer apedrejadas; entretanto, Jesus as perdoava e dizia: "Vai e não peques mais!", Jesus também curava pessoas aos sábados; porém, aos sábados os judeus não trabalhavam, em respeito ao quarto mandamento:

Lembra-te de santificar o dia do sábado. Trabalharás durante seis dias e farás todos os trabalhos, mas o sétimo dia é sábado, descanso dedicado ao Senhor teu Deus. [...]

Êxodo 20,8-9. *Bíblia Sagrada*. Tradução da CNBB. Brasília: Edições CNBB; São Paulo: Editora Canção Nova, [s.d.]. p. 90.

Para os judeus, então, Jesus desrespeitava as leis. O que mais desagradava às autoridades religiosas era o fato de Jesus ser chamado "Filho de Deus". Isso dava a entender que ele seria o messias esperado. Porém, as autoridades judaicas não concordavam: esperavam que o messias fosse poderoso e forte, capaz de libertá-los da dominação dos outros povos. Incomodados com tudo isso, alguns sacerdotes planejaram sua morte.

Ecce Homo (*Eis o homem*), pintura de Antonio Ciseri (1821-1891), representando a apresentação de Jesus Cristo por Pilatos à população de Jerusalém.

Album/Fotoarena/Galeria de Arte Moderna, Palácio Pitti, Florença, Itália

Numa festa de Páscoa, Jesus e seus discípulos foram a Jerusalém participar das celebrações. Quando chegaram à cidade, o povo recebeu Jesus com festas.

Os sacerdotes convenceram Judas, um dos discípulos de Jesus, a ajudá-los a prender o mestre. Depois que Jesus fez a ceia da Páscoa com os amigos, Judas contou que o mestre estaria no Jardim das Oliveiras. Lá apareceram eles, acompanhados de soldados, e o prenderam.

Jesus foi julgado e levado a Pôncio Pilatos, governador romano que dava a última palavra nos julgamentos. Pilatos não queria se intrometer naquele assunto, por isso deixou que o povo resolvesse. Era costume, na época da Páscoa, soltar um preso escolhido pelo povo. Como havia outro prisioneiro judeu – Barrabás, um revolucionário a favor de pegar em armas contra os romanos –, o governador disse à multidão que soltaria um dos dois: Jesus ou Barrabás.

O povo escolheu Barrabás. Pilatos, então, mandou matar Jesus. Os soldados romanos o chicotearam, puseram-lhe uma coroa de espinhos na cabeça e, por fim, o pregaram na cruz, entre dois ladrões, também crucificados. Seus discípulos fugiram amedrontados, abandonando-o. Apenas João, ao lado de Maria, mãe de Jesus, e de outras mulheres que o seguiam, permaneceram ao pé da cruz.

Mas, em meio ao sofrimento da cruz, Jesus ainda confortou um ladrão que, ao seu lado, pediu sua ajuda. Perdoou também a todos os que o haviam ferido e abandonado:

[...] Pai, perdoa-lhes: não sabem o que fazem.

Lucas 23,34. *Bíblia de Jerusalém*. São Paulo: Paulus, 2012. p. 1831.

Suas últimas palavras foram:

[...] Pai, em tuas mãos entrego o meu espírito.

Lucas 23,46. *Bíblia de Jerusalém*. São Paulo: Paulus, 2012. p. 1832.

Haviam-se, então, cumprido as palavras de Isaías:

Ele era desprezado, deixado de lado pelos homens,
homem de dores, familiarizado com o sofrimento,
como aquele diante do qual a gente esconde o rosto;
sim, desprezado, não o estimávamos de modo algum.
Na verdade, são os nossos sofrimentos que ele carregou,
foram as nossas dores que ele suportou,
e nós, o considerávamos atingido,
golpeado por Deus e humilhado
[...] e nas suas chagas encontrava-se cura para nós.

Isaías 53,3-5. *Bíblia:* tradução ecumênica. São Paulo: Edições Loyola, 1994. p. 687-688.

Pietá, de Michelangelo, representa a Virgem Maria segurando o filho morto nos braços.

Vitaly Minko/Shutterstock

Três dias após sua crucificação, Jesus apareceu ressuscitado – primeiro a Maria Madalena, depois a seus discípulos –, mostrando que a morte não é o fim de tudo e prometendo vida eterna.

O X DA QUESTÃO

1) Procure no dicionário as palavras que você não entendeu dos textos de Isaías apresentados até aqui e escreva seu significado.

2) As ideias e as atitudes, assim como as passagens da vida de Jesus, diferem muito das de outras personalidades estudadas até aqui? Justifique sua resposta.

FALANDO DE TEOLOGIA

Jesus, para muitos cristãos, o próprio Deus

Teologia: conhecimento ou estudo a respeito de Deus.

Parábolas: pequenas histórias que Jesus contava para transmitir seus ensinamentos. São geralmente inspiradas em situações da vida e do dia a dia da época.

Teologia é o estudo relativo a Deus. Jesus mostrou uma maneira muito nova de encarar Deus. Ele o chamava de Pai e contava diversas parábolas, nas quais Deus é visto como amor, misericórdia e bondade, sempre pronto a ajudar seus filhos.

Os deuses gregos e romanos podiam ter paixões humanas: ciúme, raiva, vingança. Mas o Deus único que Jesus nos ensina a amar é perfeito, sem nenhuma fraqueza humana: o Senhor do Universo, o Pai de todas as criaturas.

Essa ideia da paternidade de Deus é muito importante: se todos os seres humanos são filhos de Deus, então somos todos irmãos. Assim, o maior ensinamento de Jesus é a fraternidade universal: o sentimento de irmandade entre todos os homens e mulheres do mundo.

Album/Fotoarena/Coleção particular

Aparição de Cristo aos seus discípulos, de Bartolomeo Guidobono (1654-1709).

Entretanto, para a maioria dos cristãos, entre os quais os católicos e os protestantes, Jesus é o próprio Deus encarnado, que veio à Terra para salvar a humanidade. Ele é a segunda pessoa da Santíssima Trindade, ou seja, Pai e Filho e Espírito Santo. Vemos essa ideia em algumas passagens do Evangelho de João, como: "Eu e o Pai somos um" (João 10,30); "eu estou no Pai e o Pai está em mim" (João 14,10).

BEBENDO NA FONTE BÍBLICA

A parábola do filho pródigo

Entre as histórias contadas por Jesus, uma das mais belas é a parábola do filho pródigo, em que aparece a imagem de um Deus amoroso, cheio de perdão, mesmo para com aqueles que erram:

[...] "Um homem tinha dois filhos. O filho mais novo disse ao pai: 'Pai, dá-me a parte da herança que me cabe'. E o pai dividiu os bens entre eles. Poucos dias depois, o filho mais novo juntou o que era seu e partiu para um lugar distante. E ali esbanjou tudo numa vida desenfreada. Quando tinha esbanjado tudo o que possuía, chegou uma grande fome àquela região, e ele começou a passar necessidade. Então, foi pedir trabalho a um homem do lugar, que o mandou para seu sítio cuidar dos porcos. Ele queria matar a fome com a comida que os porcos comiam, mas nem isto lhe davam. Então caiu em si e disse: "Quantos empregados do meu pai têm pão com fartura, e eu aqui, morrendo de fome. Vou voltar para meu pai e dizer-lhe: 'Pai, pequei contra Deus e contra ti; já não mereço ser chamado teu filho. Trata-me como a um dos teus empregados'." Então ele partiu e voltou para seu pai. Quando ainda estava longe, seu pai o avistou e foi tomado de compaixão. Correu-lhe ao encontro, abraçou-o e o cobriu de beijos. O filho, então, lhe disse: 'Pai, pequei contra Deus e contra ti. Já não mereço ser chamado teu filho'. Mas o pai disse aos empregados: 'Trazei depressa a melhor túnica para vestir meu filho. Colocai-lhe um anel no dedo e sandálias nos pés. Trazei um novilho gordo e matai-o, para comermos e festejarmos. Pois este meu filho estava morto e tornou a viver; estava perdido e foi encontrado'. E começaram a festa. O filho mais velho estava no campo. Ao voltar, já perto de casa, ouviu música e barulho de dança. Então chamou um dos criados e perguntou o que estava acontecendo. Ele respondeu: 'É teu irmão que voltou. Teu pai matou o novilho gordo, porque recuperou seu filho são e salvo'. Mas ele ficou com raiva e não queria entrar. O pai, saindo, insistiu com ele. Ele, porém, respondeu ao pai: 'Eu trabalho para ti há tantos anos, jamais desobedeci a qualquer ordem tua. E nunca me deste um cabrito para eu festejar com meus amigos. Mas quando chegou esse teu filho, que esbanjou teus bens com as prostitutas, matas para ele o novilho gordo'. Então o pai lhe disse: 'Filho, tu estás sempre comigo, e tudo o que é meu é teu. Mas era preciso festejar e alegrar-nos, porque este teu irmão estava morto e tornou a viver, estava perdido e foi encontrado'."

Lucas 15,11-32. *Bíblia Sagrada*. Tradução da CNBB. 8. ed. Brasília: Edições CNBB; São Paulo: Editora Canção Nova, [s.d.]. p. 1294.

O QUE VOCÊ ENTENDEU?

1) Quem é simbolizado como pai na parábola?

2) Descreva as virtudes do pai.

3) Como você interpreta a atitude do filho mais velho?

NO DIA A DIA

Há milhares de indigentes nas ruas das cidades. Há milhares de pessoas sozinhas, abandonadas, em hospitais e asilos. Há milhares de crianças sem lar, sem escola, sem comida e sem carinho. Há milhares de povos desnutridos, explorados, em meio a guerras e doenças. Há muito sofrimento no mundo e muita gente sem amparo.

Pense nestas questões:

1) Se Jesus voltasse a este mundo em carne e osso, o que você acha que ele faria?

2) Se você é cristão, ou ao menos admira Jesus, o que você pode fazer?

FALANDO DE HISTÓRIA

O ecumenismo

Desde os primeiros tempos do cristianismo, houve diversas interpretações da mensagem de Jesus. Assim nasceram, em várias épocas, diferentes doutrinas e igrejas cristãs. Muitas vezes, houve guerras e perseguições em nome de Cristo.

Certamente, podemos deduzir que esses cristãos em particular – fossem eles católicos, protestantes ou outros – não compreenderam a mensagem de Jesus, que ensina a "amar ao próximo como a si mesmo".

Hoje, apesar de ainda haver intolerância por parte de pessoas mais fanáticas, há um movimento que busca conciliar as diferentes denominações cristãs, chamado de movimento ecumênico. *Ecumenismo* é uma palavra usada para se referir ao diálogo entre as diferentes Igrejas cristãs. E *diálogo inter-religioso* é a ponte que se faz entre religiões cristãs e não cristãs.

Algumas pessoas propõem que a palavra *ecumenismo* seja usada para se referir ao diálogo entre todas as religiões, e não apenas as cristãs.

E PARA TERMINAR

1) Se você é cristão, faça um resumo de tudo em que acredita como cristão. Se você é de uma religião não cristã, faça o mesmo, de acordo com a sua crença. Se não tiver religião, também diga em que acredita ou não.
Depois, sob a orientação do professor, forme grupo com alguns colegas para comparar, com todo o respeito, as diferenças e as semelhanças entre as visões religiosas de cada um.

2) O poema a seguir foi escrito por José Herculano Pires (1914-1979), poeta, filósofo e jornalista brasileiro, espírita, e revela grande amor e admiração por Jesus. Leia-o e reflita sobre sua mensagem.

Martírio

Tua coroa de espinhos
faz sangrar a noite.
Tua cana
dirige os séculos.
Tuas vestes rotas,
a túnica pobre
sobre a qual rodaram os dados da ambição,
envolvem os príncipes e os reis.
Mas o milagre maior
é o dos teus olhos sofrendo
nos olhos do povo.

PIRES, José H. *Argila*. São Paulo: Lake, [s.d.] p. 47.

The Print Collector/Getty Images

Ecce Homo, de Bartolomé Murillo (1617-1682).

a) Procure no dicionário todas as palavras cujo significado você desconheça e escreva o que elas significam.

b) Procure ler, nos evangelhos, uma das passagens que narram a crucificação de Jesus (Mateus 27,32-44; Marcos 15,21-32; Lucas 23,33-43; João 19,16-30).

c) Relacione a ideia transmitida pelo poema, nos versos "Tuas vestes rotas, /a túnica pobre", com o que você viu na passagem do evangelho que você leu.

d) Por que o autor do poema considera que Jesus continua sofrendo aos olhos do povo?

Franco Zeffirelli/Carthago films

SESSÃO DE CINEMA

Jesus de Nazaré

Direção de Franco Zeffirelli. Estúdios Carlton, 1977.

Superprodução que conta a história de Jesus, numa cuidadosa reconstituição da época e dos evangelhos. A versão original tem mais de 6 horas de filme. Há versões mais compactas de 2 ou 4 horas.

Procure assistir ao filme indicado pensando sobre esta questão:

O que mais me emociona na vida e na figura de Jesus?

SESSÃO DE LEITURA

O moço do manto azul

Dora Incontri. Bragança Paulista: Editora Comenius, 2013.

Nesse livro, a história de Jesus é contada em poesia, com pinturas clássicas retratando passagens da vida dele.

Procure ler o livro e responda:

Qual foi a mensagem mais importante que Jesus deixou?

Reprodução/Editora Comenius

[...] Amarás o Senhor, teu Deus,
com todo o teu coração, com toda a tua
alma e com todo o entendimento!
Esse é o maior e o primeiro mandamento.
Ora, o segundo lhe é semelhante a esse:
Amarás teu próximo como a ti mesmo.

Jesus.

In: Mateus 22,37-39. *Bíblia Sagrada*. Tradução da CNBB. 8. ed. Brasília: Edições CNBB; São Paulo: Editora Canção Nova, [s.d.]. p. 1230.

Album/Fotoarena/Museu do Prado, Madri, Espanha

Cristo, um jardineiro (1553), de Tiziano Vecellio di Gregorio.

8 Uma nova ética

O início do cristianismo

Ário: fundador de uma doutrina chamada arianismo, que defendia a ideia de que o Filho e o Pai não eram a mesma pessoa e que o Pai tinha criado o Filho.

Pelágio: em seu pensamento, negou o pecado original e defendeu que o homem possui a capacidade de decidir seguir o caminho do bem e buscar a perfeição por sua própria vontade.

Concílio de Niceia: concílios são reuniões de autoridades da Igreja para decidir questões de fé e conduta. O primeiro Concílio de Niceia ocorreu no período de 20 de maio a 25 de julho do ano 325. Presidido pelo imperador Constantino, contou com a participação de 250 bispos. Na ocasião, foram excluídas todas as correntes cristãs que não encaravam Cristo como a encarnação do Filho de Deus.

No capítulo anterior, conhecemos Jesus segundo a visão dos católicos, que é mesma dos protestantes tradicionais e dos pentecostais e neopentecostais, que no Brasil são chamados de evangélicos. Mas nem todos os cristãos – e também os não cristãos – têm a mesma ideia de Jesus. Ele é amado e seguido de muitas maneiras diferentes. Se, para católicos e protestantes, Jesus Cristo é o próprio Deus que encarnou e veio ao mundo para nos salvar, para outras correntes de pensamento o significado de sua vinda é outro.

Durante os primeiros trezentos anos do cristianismo, houve muitas discussões sobre Jesus. Alguns achavam que todos nós poderíamos, um dia, ser como ele e possuir suas virtudes, porque ele era um filho de Deus e tinha uma perfeição a que podíamos chegar. Houve cristãos como Ário (256-336) e Pelágio (350-423), que pensavam assim. Outros (que viam Jesus como o próprio Deus) diziam que não: os seres humanos, pecadores, jamais alcançariam a perfeição, mas apenas seriam salvos pela graça divina (uma espécie de ajuda especial de Deus). Entre os que defendiam essa posição estava Agostinho de Hipona (354-430), cuja visão prevaleceu na Igreja católica.

Durante séculos, houve muita discussão em torno desses assuntos. Aos poucos, determinada visão de Jesus foi ganhando força acima das outras: a de que ele era o próprio Deus. Somente em 325 d.C., no Concílio de Niceia, as outras ideias foram excluídas. A partir daí, as diferentes maneiras de ver o cristianismo foram sendo proibidas, às vezes com bastante violência.

Afresco russo representando o primeiro concílio ecumênico da Igreja, realizado em Niceia.

Album/Fotoarena/Basílica de Santa Sofia, Istambul, Turquia

Os judeus e os muçulmanos

Entre os que não aceitavam a ideia de que Jesus fosse Deus, estava o próprio povo a que ele pertencera – os judeus. Para eles, Deus era único, todo-poderoso e estava muito acima da possibilidade de encarnar em um corpo humano.

Assim, nos primeiros séculos do cristianismo, havia judeus-cristãos, que viam Jesus como um grande profeta, o messias, o enviado, mas não como o Deus-criador. Com o fortalecimento do catolicismo, eles foram desaparecendo.

Por volta do ano 600 d.C., no Oriente Médio, ainda havia muitos povos e tribos que mantinham a ideia de um Jesus-profeta, pela influência dos judeus e dos arianos, descendentes de Ário, apesar de a Igreja católica já ter estabelecido que os cristãos deveriam aceitar a ideia de Jesus-Deus.

Bridgeman Images/Glow Images/Biblioteca da Universidade de Edimburgo, Escócia

Gravura retratando o momento de revelação pelo anjo Gabriel ao profeta Maomé, de Rashid al-Din (1247-1318).

Para os muçulmanos, Jesus não é uma divindade. Veja a seguir o depoimento de um muçulmano sobre a visão de Jesus para eles:

Para nós, muçulmanos, Jesus (Que a bênção e a paz de Deus estejam sobre ele) foi um dos grandes mensageiros enviados por Deus para orientar o seu povo, convocando para a adoração de um Deus Único, sem parceiros, o Criador de tudo e de todos.

A forma pela qual os cristãos hoje entendem a Unicidade de Deus é diferente da forma pela qual nós a compreendemos. Logo, não acreditamos no conceito da trindade, onde Deus existiria como três pessoas separadas e distintas, o Pai, o Filho e o Espírito Santo, que são unidas em uma mesma substância ou ser.

Em nossa concepção, Jesus (Que a bênção e a paz de Deus estejam sobre ele) não possui nenhuma divindade, ou seja, não é considerado Deus nem filho de Deus [...], consideramos o seu nascimento um grande milagre, além de ser um sinal do poder de Deus.

Não compartilhamos também da ideia que Jesus foi crucificado a fim de expiar o pecado dos homens, pois dentro da nossa visão o ser humano é responsável somente pelos seus atos. Em outras palavras, nós não carregamos o pecado de ninguém, nem de nossos pais, avós, Adão ou Eva. Para nós, toda criança nasce pura, sem pecado algum, tornando-se responsável pelos seus atos a partir da puberdade, não havendo a necessidade do batismo para expiar o pecado original.

Na nossa visão, Deus é Absoluto, perfeito, de uma natureza e dimensão completamente distinta das dos seres humanos e de todos os outros seres por Ele criados, não cabendo a Ele nenhum tipo de limitação ou fraqueza, comum nas demais criaturas por Ele criadas. [...]

Deus revelou para Jesus (Que a bênção e a paz de Deus estejam sobre ele) o Evangelho, para que servisse de guia para seu povo. Como já mencionamos num post *anterior, acreditamos que o Evangelho que temos em nossas mãos hoje não é o original que havia sido revelado para Jesus (Que a bênção e a paz de Deus estejam sobre ele). Com o passar do tempo ele acabou sendo alterado, e as palavras dos homens se misturaram com as palavras de Deus.*

Deus permitiu que Jesus realizasse inúmeros milagres, como curar o cego de nascença, ressuscitar os mortos, falar ainda bebê – a fim de inocentar sua mãe da acusação de adultério –, dentre outros mais.

Este é Jesus, filho de Maria, na visão do Islam: um grande homem e um grande mensageiro.

ISBELLE, Sami. A visão islâmica acerca de Jesus. *Extra*. 24 set. 2010. Disponível em: <https://extra.globo.com/noticias/religiao-e-fe/sami-isbelle/a-visao-islamica-acerca-de-jesus-363857.html>. Acesso em: 17 mar. 2018.

BEBENDO NA FONTE JUDAICA

Um judeu fala de Jesus

O escritor judeu-polonês Sholem Asch (1880-1957) viveu em vários países, entre os quais os Estados Unidos. Em 1939, lançou o primeiro livro de uma série sobre as grandes personagens do cristianismo: *O Nazareno*. Trata-se da história de Jesus como se tivesse sido narrada por pessoas de sua época. Sholem Asch tinha grande admiração por Jesus e disse certa vez:

Sholem Asch.

Pictorial Parade/Getty Images

Jesus Cristo é a personalidade de maior projeção de todos os tempos. [...] Ele se tornou a Luz do mundo. Por que eu, como judeu, não me orgulharia disto?

ASCH, Sholem.

Em seu livro, Asch descreve Jesus e sua época com todos os nomes na forma judaica: assim, Jesus é chamado Yeshua; o cego Bartimeu é Bar Talmai. Leia o trecho a seguir.

Ali, sentado à beira da estrada estava o cego Bar Talmai, e quando o rabi passou foi como se ele o visse, pois ele estendeu as mãos, e exclamou: "Filho de Davi, tem piedade de mim!" Quando ouvimos essa

Rabi ou **rabino:** mestre; religioso que lidera uma comunidade judaica.

grande e espantosa palavra na boca do cego, nós o teríamos silenciado. Mas Simão exclamou: "É um bom sinal! É sinal de que o reino do céu começa, já que o cego vê o que não veem aqueles que enxergam!"

Então o rabi chamou o homem cego, dizendo: "A tua fé te curou!" E a partir desse momento Bar Talmai, a quem sempre conhecemos como cego, anda a seguir o rabi e gritar: "Eu vejo! Eu vejo! Yeshua ben Davi, tem piedade de nós!" – e já ninguém pensa em fazê-lo calar-se. E foi assim que entramos na cidade de Jericó. Como se uma voz celeste nos precedesse para dar o aviso da nossa vinda. O povo saía das casas, enchia as ruas e estendia-lhe os braços. Era como se todos sentissem o poder que o revestia; e eles o abençoavam. Não o perguntavam nada. As mães traziam seus filhos e a ele os apresentavam nos braços. As pessoas disputavam a honra de hospedar o rabi, porque todos queriam a bênção que era a sua presença em suas casas. [...]

ASCH, Sholem. *The Nazaren*. Londres: Routledge & Kegan Paul LTD, 1956. p. 551. Tradução dos autores.

SuperStock/Glow Images/Museu do Louvre, Paris, França

Cristo curando o cego, de Nicolas Poussin (1594-1665).

BEBENDO NA FONTE MUÇULMANA

O Jesus muçulmano

Em inúmeras obras do islamismo, incluindo o livro sagrado, o Alcorão, há passagens sobre Jesus. Tarif Khalidi (1938-), um historiador palestino especialista em estudos islâmicos e árabes, organizou mais de trezentos trechos da literatura muçulmana que falam de Jesus. Vamos conhecer um deles:

Dano: prejuízo, mal.
Pio: devoto, religioso, caridoso.

Procurou um homem Jesus e disse: "Mestre de bondade, ensinai-me uma coisa que sabeis e eu não, que me beneficie e não vos cause dano." Perguntou Jesus: "Que seria isso?" Disse o homem: "Como pode um servo ser verdadeiramente pio diante de Deus?" Respondeu Jesus: "A questão é fácil. Deves verdadeiramente amar a Deus em teu coração e trabalhar a Seu serviço, mostrando todo o teu empenho e força, e ser misericordioso para com as pessoas de tua raça como mostras misericórdia para contigo mesmo." Ele disse: "Mestre de bondade, quem são as pessoas da minha raça?" Respondeu Jesus: "Todos os filhos de Adão. E o que não desejas que te façam a ti, não faças tu aos outros. Deste modo serás verdadeiramente pio diante de Deus."

KHALIDI, Tarif (Org.). *O Jesus muçulmano*: provérbios e histórias na literatura islâmica. Rio de Janeiro: Imago, 2001. p. 88.

BnF, Dist. RMN-Grand Palais/image BnF/Biblioteca Nacional, Paris, França

Maomé leva Jesus, Abraão, Moisés e outros em oração. Miniatura persa medieval.

O QUE VOCÊ ENTENDEU?

1) Leia, na Bíblia, o Evangelho de Mateus 22,34-40. Qual é a mensagem principal desse trecho bíblico e do trecho muçulmano acima?

2) No texto islâmico, o que Jesus quer dizer com "Todos os filhos de Adão"?

3) O que você pensa sobre a maneira como os muçulmanos mostram Jesus no texto apresentado? Justifique.

Séculos depois...

Durante mais de mil anos, quase não houve possibilidade de discordância da visão católica de Jesus. Ou as pessoas seguiam Cristo à maneira da Igreja católica ou não eram consideradas cristãs e, muitas vezes, eram perseguidas e mortas.

Eram tempos diferentes, em que não havia a ideia que temos hoje de liberdade de pensamento. A ideia de liberdade começou a tomar força a partir de 1500, a princípio com a Reforma Protestante e com o movimento do Renascimento. Mas só teve mais sucesso após o século XVIII, com outro movimento, chamado Iluminismo.

Foi então que certos pensadores começaram a manifestar opiniões diferentes sobre Jesus. Filósofos, como o francês Voltaire (1694-1778) e o suíço Jean-Jacques Rousseau (1712-1778), por exemplo, viam Jesus como um modelo de virtude e de amor, mas não acreditavam em Jesus-Deus.

Justamente na França, terra de Voltaire, nasceu uma corrente de pensamento – o espiritismo – que pretendia ser uma outra forma de cristianismo. Um cristianismo que aceitava Jesus (assim como os judeus e os muçulmanos), mas não como Deus. Essa corrente viria a conquistar muitos adeptos no Brasil.

Renascimento: movimento iniciado no século XV, na Europa, que valorizava o ser humano, voltava às raízes clássicas da Grécia e buscava a beleza e a harmonia nas artes.

Iluminismo: movimento filosófico do século XVIII que discutia projetos políticos, sociais e religiosos para proporcionar ao ser humano mais liberdade de pensamento e ação. Caracterizou-se pela crença na razão e no progresso e pelo desafio às tradições. Essas ideias resultaram no lema "Liberdade, Igualdade e Fraternidade" da Revolução Francesa.

Album/Fotoarena/Instituto e Museu Voltaire, Genebra, Suíça

Voltaire.

Album/Fotoarena/Palácio de Versalhes, França

Jean-Jacques Rousseau.

BEBENDO NA FONTE KARDECISTA

Jesus segundo Kardec

Para Allan Kardec, fundador do espiritismo, Jesus era um ser evoluído, tendo já alcançado a perfeição que um dia todos vamos alcançar. A ideia que ele propõe baseia-se nas próprias palavras de Jesus, na Bíblia.

Tudo, pois, nas palavras de Jesus, quer as que ele disse em vida, quer as de depois de sua morte, acusa uma dualidade de entidades perfeitamente distintas, assim como o profundo sentimento da sua inferioridade e da sua subordinação em face do Ente supremo. Pela sua insistência em afirmá-lo espontaneamente, sem a isso ser constrangido ou provocado por quem quer que fosse, parece ter querido protestar de antemão contra o papel que, segundo a sua previsão, lhe seria atribuído. Se houvesse guardado silêncio sobre a sua personalidade, o campo teria ficado aberto a todas as suposições, como a todos os sistemas. A precisão, porém, da sua linguagem afasta todas as incertezas.

Bridgeman Images/Glow Images

Cristo com seus discípulos, de Henry Coller (1886-1958).

Que autoridade maior se pode pretender, do que a das suas próprias palavras? Quando ele diz categoricamente: eu sou ou não sou isto ou aquilo, quem ousaria arrogar-se o direito de desmenti-lo, embora para colocá-lo mais alto do que ele a si mesmo se coloca? Quem pode racionalmente pretender estar mais esclarecido do que ele sobre a sua própria natureza? Que interpretações podem prevalecer contra afirmações tão formais e multiplicadas como estas:

"Não vim de mim mesmo, mas aquele que me enviou é o único Deus verdadeiro. — Foi de sua parte que vim. — Digo o que vi junto a meu Pai. — Não me cabe a mim vo-lo conceder; isso será para aqueles a quem meu Pai o preparou. — Vou para meu Pai, porque meu Pai é maior do que eu. — Por que me chamas bom? Bom não há senão somente Deus. — Não tenho falado por mim mesmo; meu Pai, que me enviou, foi quem me prescreveu, por mandamento seu, o que devo dizer. — A doutrina que prego não é minha, mas daquele que me enviou. — A palavra que tendes ouvido não é minha, mas de meu Pai que me enviou.

Prescreveu: ordenou, determinou, indicou.

— Nada faço de mim mesmo; digo unicamente o que meu Pai me ensinou. — Nada posso fazer de mim mesmo. — Não cuido de fazer a minha vontade, mas a vontade daquele que me enviou. — Tenho-vos dito a verdade que aprendi de Deus. — Meu alimento é fazer a vontade daquele que me enviou. — Tu que és o único Deus verdadeiro e Jesus Cristo a quem enviaste. — Meu Pai, nas tuas mãos entrego a minha alma. — Meu Pai, se for possível, faze que de mim se afaste este cálice. — Subo para meu Pai e vosso Pai, para meu Deus e vosso Deus".

KARDEC, Allan. *Obras póstumas*. Rio de Janeiro: FEB, [s.d.]. p. 167-168.

Godong/Getty Images

Jesus trabalhando na carpintaria de seu pai. Basílica da Sagrada Família em Barcelona, Espanha.

O QUE VOCÊ ENTENDEU?

1) Você concorda com a opinião de Kardec ou discorda? Por quê?

2) Pensando dessa maneira, Kardec pode ou não ser chamado de cristão? Justifique.

O Cristo dos descrentes

Já mencionamos acima os muçulmanos, os judeus, os iluministas e os espíritas. Todos eles, embora não aceitem a divindade de Cristo, consideram-no uma pessoa muito especial, muito acima da humanidade, com virtudes singulares. Agora mencionaremos outros pensadores, sobretudo dos séculos XIX e XX, que chegaram a uma ideia diferente: a de Jesus como um homem comum, igual a qualquer outro. Assim, eles não veem Jesus como um ser humano superior.

Muitos desses escritores e pensadores discordam da mensagem do cristianismo e consideram determinados valores cristãos, como a pureza e o amor a Deus, impossíveis de atingir. Eles defendem a ideia de que Jesus não foi assim tão puro e bom: ele era um ser humano como qualquer outro, cheio de dúvidas, pensamentos impuros e inseguranças. É uma postura diferente daquela dos que amam Jesus e aceitam seus ensinamentos, ainda que não o considerem Deus.

No século XIX, um autor que humanizou bastante Jesus foi o historiador francês Ernest Renan, que escreveu *A vida de Jesus*. E no século XX, foi o escritor grego Níkos Kazantzákis que lançou uma obra polêmica, que depois virou filme: *A última tentação de Cristo*.

O X DA QUESTÃO

1) Pense no que você leu até aqui e também no capítulo anterior. Na sua interpretação, quais são as três principais ideias a respeito de Jesus nestes 2 mil anos de cristianismo?

2) Durante toda a história do cristianismo, houve muita discórdia em torno da questão de Jesus ser ou não Deus. Será que Jesus queria isso?

AGORA É COM VOCÊ

Sob a orientação do professor, com seus colegas, organizem um grande debate sobre Jesus. A classe deverá ser dividida de modo que cada grupo escolha uma posição a ser defendida a respeito de Jesus: a católica; a protestante; a espírita; a muçulmana; a judaica; a dos iluministas; a dos pensadores atuais.

Definam bem a posição de cada grupo para que cada um construa argumentos que justifiquem as ideias defendidas.

Depois, discutam entre todos os grupos – sem gozações e agressividade, pois cada um tem o direito de defender sua ideia. Façam uma ata (relato escrito) da discussão e coloquem no mural da sala.

DE OLHO NO MUNDO

A Ética de Jesus e os refugiados

Um dos grandes problemas mundiais a que assistimos em pleno século XXI são as ondas migratórias de povos que fogem de seus países de origem, seja em razão de guerras, violência, regimes políticos opressores ou miséria e fome – ou, ainda, tudo isso junto. Em setembro de 2015, uma imagem chocou o mundo: a foto de um menino sírio de 3 anos, encontrado morto numa praia da Turquia. Sua família estava fugindo da Guerra Civil da Síria e naufragou.

Ao mesmo tempo que se dão esses deslocamentos de massas de refugiados e imigrantes para países com maior desenvolvimento econômico – como nações europeias e os Estados Unidos –, esses Estados mais ricos estão cada vez mais propensos a fechar suas fronteiras e não aceitar receber essas pessoas com os que mais precisam.

Nesse contexto, o papa Francisco (nascido Jorge Mario Bergoglio), líder da Igreja católica, entende os ensinamentos de

Jesus de maneira bastante fiel à sua mensagem de paz e fraternidade entre todos os seres humanos.

A ANSA Brasil (Agência Italiana de Notícias) noticiou que:

O papa Francisco criticou [...] a "retórica populista" sobre os imigrantes e disse que as autoridades têm a obrigação "moral" de ajudar as pessoas que fogem de guerras e da miséria.

O líder católico não citou especificamente nenhum país, mas criticou os governos que usam o medo sobre a presença de imigrantes como desculpa para justificar, por exemplo, crises econômicas – como ocorre em várias nações europeias e nos Estados Unidos. [...]

Em outra parte de seu forte discurso, Bergoglio ainda criticou a má distribuição da riqueza no mundo, que causa tanto crises internas nos países, mas também força muitas pessoas a tentar buscar uma vida mais digna em outra nação.

"Não pode um grupinho de indivíduos controlar os recursos de meio mundo. Não podem pessoas e povos inteiros terem direito de recolher apenas as migalhas." [...]

Desde que assumiu o Pontificado, o papa Francisco sempre defendeu a causa dos imigrantes e dos refugiados. Tanto que uma de suas primeiras viagens foi até a ilha de Lampedusa, na Itália, uma das principais portas de entrada de imigrantes ilegais na Europa. [...]

PAPA critica populismo e pede acolhimento de imigrantes. *ANSA*, São Paulo, 21 fev. 2017. Disponível em: <http://ansabrasil.com.br>. Acesso em: 27 out. 2017.

Gunduz Aghayev/Acervo do ilustrador

Homenagem feita pelo artista azerbaijano Gunduz Aghayev a Aylan Kurdi, o menino sírio de três anos que morreu afogado em Bodrum, na Turquia, em 2015. Seus familiares tentavam fugir dos conflitos em seu país quando o barco naufragou.

EU COMIGO

"O que me incomoda neste mundo e como os ensinamentos de Jesus poderiam me ajudar a trabalhar para mudar isso que me incomoda?"

SESSÃO DE LEITURA

Reprodução/Editora Martins Fontes

A vida de Nosso Senhor

Charles Dickens. São Paulo: Martins Fontes, 2003.

Um dos maiores escritores da língua inglesa reescreveu para adolescentes a história de Jesus.

Procure ler o livro e responda:

Conhecer a história da vida de Jesus estimula a vivermos de maneira mais ética e humana?

FALANDO DE ÉTICA

Jesus, fundador de uma nova ética

Muitos dos valores que Jesus ensinou e viveu eram desconhecidos em sua época e acabaram por mudar a história. Vamos citar alguns exemplos.

Em grande parte do mundo, a escravidão era considerada natural. A mulher era vista como inferior ao homem. Os antigos gregos e romanos encaravam todos os outros povos como bárbaros, ou seja, possuidores de uma natureza diferente da deles. Os antigos judeus acreditavam que os estrangeiros eram impuros e não seriam salvos. As crianças eram desvalorizadas em toda parte. A educação era feita com severidade e impiedosos castigos. Os povos da época não falavam em perdão e aceitavam a vingança como forma natural de justiça. Em diversas culturas os deuses eram adorados como forças vingadoras, que se enraiveciam facilmente e mandavam castigos terríveis aos humanos.

Jesus, ao contrário, ensinou a ética do amor. Mostrou Deus-Pai como um ser de amor e misericórdia. Ensinou ainda que, como todos somos seus filhos, devemos nos tratar como irmãos. Homens, mulheres, crianças, jovens e velhos, pessoas de qualquer nacionalidade, senhores ou escravos – todos merecem fraternidade, amor, cuidado, respeito.

Jesus mandava "perdoar setenta vezes sete", amar aos inimigos e ser manso e pacífico. Dizia "vinde a mim os pequeninos" e pedia que todos tivessem a simplicidade das crianças. Conversava com carinho e respeito com as mulheres, mesmo aquelas que tinham sido consideradas de "má vida" e que ninguém mais queria olhar ou receber em casa.

Sua ética era a da não violência e da fraternidade entre todos, e sua mensagem pretendia alcançar a humanidade inteira. Ele mesmo disse que seus discípulos viriam do Ocidente e do Oriente.

Hoje em dia, quando dizemos que todos os seres humanos são iguais, pedimos paz e fraternidade, reconhecemos os direitos das mulheres e proibimos por lei bater em crianças e maltratar qualquer ser humano, em tudo isso estamos sendo herdeiros das ideias que Jesus trouxe. Muita gente não reconhece a origem cristã de vários valores que ainda hoje existem na sociedade, mas basta olhar a história para ter certeza de que Jesus mudou a história do mundo, sobretudo no Ocidente. E o que precisamos pontuar também é que há muita gente que se diz seguidora de Jesus, mas ainda pratica todo jeito de discriminação, ódio e desrespeito ao próximo.

Por isso, você pode até pensar: "As coisas não mudaram tanto assim! Pouca gente sabe perdoar, amar e respeitar o outro. As crianças ainda são maltratadas, as mulheres, discriminadas... As guerras são constantes. A violência está em toda parte". É verdade. Porém, antes de Jesus, isso tudo era considerado natural, inquestionável. Depois de Jesus, há muita gente se esforçando para mudar e fazer brilhar o reino de amor cujas sementes ele lançou.

AGORA É COM VOCÊ

Depois de ler o texto anterior e pensar sobre ele, crie um poema que fale da ética de Jesus.

Jesus Cristo entre as crianças, afresco de Friedrich Stummel (1850-1919) e Karl Wenzel (1887-1947), Alemanha.

Renata Sedmakova/Shutterstock

DE OLHO NO BRASIL

Nosso Cristo Redentor

Quem chega ao Brasil pelo Rio de Janeiro é recebido pelo Cristo Redentor, que, de braços abertos, permanece sobre o pico do Corcovado. Com 38 metros de altura e pesando 1145 toneladas, é a maior estátua do Brasil e uma das maiores do mundo. Foi inaugurada em 1931, no dia 12 de outubro (aniversário da descoberta da América).

O Cristo Redentor representa bem nossa herança cristã, em que Jesus é visto como protetor do Brasil e recebe, em nome do povo – esse povo que diz que "Deus é brasileiro" –, todo estrangeiro que aqui chega.

Alguns, como o escritor Mário de Andrade (1893-1945), criticam essa herança:

> *[...] A estátua do Cristo é também a representação da nossa "civilização" atual, importada e por muitas partes falsa pra nós. Neste sentido o monumento é um símbolo trágico. Civilização cristã... Deram o nome dum Deus a uma civilização terrestre cujo desenvolvimento tem sido um continuado afastamento da quididade crística. [...]*

ANDRADE, Mário de. *Cristo-Deus*. Disponível em: <www.historiaecultura.pro.br/modernosdescobrimentos/desc/mario/mariofragmentos.htm>. Acesso em: 27 fev. 2018.

Quididade crística: essência cristã.

Ubíquo: que está em toda parte, onipresente.

Cristo Redentor, no Rio de Janeiro.

kridsada kamsombat/Shutterstock

Outros, como o poeta Jorge de Lima (1895-1953), sobre ela fazem belos poemas:

[...] Adoro esse Cristo turista
de braços abertos
que procura equilíbrio
na montanha brasileira.

Os homens de Fé têm esperança n'Ele,
porque Ele é ligeiro, porque Ele é ubíquo,
porque Ele é imutável.

Ele acompanha o homem de cimento armado
através de todas as substâncias,
através de todas as perspectivas,
através de todas as distâncias.

LIMA, Jorge de. Cristo Redentor do Corcovado. In: COUTINHO, Afrânio (Org.). *Obra completa.* Rio de Janeiro: Editora José Aguilar, 1959. v. 1. p. 327-328.

E PARA TERMINAR

1) Observe as duas pinturas a seguir. Depois, responda às questões.

Bridgeman Images/Glow Images

Santíssima Trindade, do pintor espanhol Francisco Caro (1627-1667).

Reprodução/Coleção particular

O sermão na montanha, por Carl Bloch (1834-1890).

a) Qual a diferença entre as duas visões de Jesus nelas expressas?

b) Qual das duas imagens está mais de acordo com o que você pensa sobre Jesus? Por quê?

2) Depois que você leu e refletiu sobre as diversas visões possíveis de Jesus, desenhe, pinte ou faça uma colagem, exprimindo sua própria visão. Escolha o material apropriado para melhor retratar a imagem que imagina (guache, aquarela, nanquim, giz de cera, tinta a óleo, papéis coloridos, etc.). A classe poderá fazer uma exposição com o título *Imagens de Jesus*, ou outro título escolhido por todos.

3) Rabindranath Tagore (1861-1941), prêmio Nobel de Literatura em 1913, foi um dos maiores poetas e pensadores do século XX. Nascido na Índia e criado segundo a religião hindu, foi educador e pacifista e escreveu vários textos sobre Jesus. Leia com atenção um deles:

Jesus, fazendo entender que o Reino dos céus está dentro do homem, demonstrou a grandeza do homem. Se tivesse situado o Reino sobre elementos externos, teria apequenado a glória pura do homem. Ele se chamou filho do Homem: veio para manifestar-nos que é filho do Homem.

Veio para mostrar-nos que a grandeza do homem não está na riqueza do Império, nem em suas atitudes exteriores, mas em Deus que se manifesta nele. Diante da sociedade humana, chamou Deus de Pai.

Gamma-Keystone/Getty Images

Rabindranath Tagore, em 1930.

A relação do filho com o pai é uma relação de parentesco profunda. Não é uma relação de poder ou o cumprimento de promessas. Deus é Pai: só por essa eterna relação, o homem se enche de glória. Por isso, não porque rei do Império, mas porque filho de Deus, o homem é o maior de todos os seres vivos. [...]

TAGORE, Rabindranath. *O Cristo*. São Paulo: Paulinas, 1997. p. 22.

a) A visão que Tagore tem do ser humano é otimista ou pessimista? Por quê?

b) Tagore coloca Jesus perto ou longe do ser humano? Por quê?

Album/Fotoarena/Museus Estatais de Berlim, Alemanha

Johann Sebastian Bach.

SESSÃO DE MÚSICA

Jesus, alegria dos homens

de Johann Sebastian Bach (1685-1750).

Bach foi um compositor alemão e um dos maiores gênios que a humanidade já conheceu. Ele era protestante e tinha grande devoção a Jesus. Escreveu muitas músicas religiosas. Essa música para coral e orquestra tem a seguinte letra (vertida para o português):

Jesus permanece minha alegria
Consolo e seiva do meu coração
Jesus me defende de toda dor
Ele é a força do meu viver
Sol e delícia dos meus olhos
Tesouro e ventura da alma
Por isso não o deixo sair do coração
E nem se afastar de meu rosto.

BACH, Johann S. *Jesus Bleibet Meine Freude*. Tradução dos autores. Disponível em: <www.letras.mus.br/bach/jesus-bleibet-meine-freude/>. Acesso em: 27 fev. 2018.

Procure ouvir a canção e responda:

O que Jesus representa para você: alegria, consolo, amor...? Justifique.

> [...] Cristo não pertence só ao cristianismo, pertence ao mundo inteiro.
>
> **GANDHI, Mahatma.**
>
> *O pensamento vivo de Gandhi*. São Paulo: Martin Claret, 1983. p. 134-135.

Album/Fotoarena/Antiga Pinacoteca, Munique, Alemanha

Tempi Madonna, de Rafael Sanzio (1483-1520). A obra foi uma encomenda da família Tempi, por isso o título.

9

A mulher em busca de Deus

A mãe de Jesus

Em todas as épocas e em praticamente todas as culturas, a mulher foi, de alguma forma, desvalorizada. Muitas vezes, as próprias religiões serviram como forma de opressão e discriminação do feminino, embora a mulher possa cultivar a espiritualidade e aproximar-se de Deus tanto quanto o homem.

No cristianismo, houve uma mulher que ganhou alcance universal, é venerada entre os mais diversos povos e é talvez a figura feminina mais retratada nas artes e cultuada no mundo: Maria de Nazaré. Vejamos o que representam sua história e seu exemplo para cristãos e não cristãos.

Maria aparece pouco nos quatro evangelhos; o de Lucas é o que dá mais detalhes sobre ela, ainda que breves. Sua narrativa começa com Isabel, parenta de Maria. Isabel já estava em idade avançada e nunca engravidara. Certo dia, seu marido Zacarias estava realizando suas atividades no templo quando o anjo Gabriel lhe apareceu e disse que ele e Isabel teriam um filho, a quem deveriam chamar João. E Isabel de fato engravidou.

Uma das muitas representações de Maria. Estátua na Basílica da Anunciação em Nazaré, Israel.

alefbet/Shutterstock

Quando Isabel estava no sexto mês de gravidez, Maria também foi visitada pelo mesmo anjo, que lhe anunciou o nascimento de Jesus.

Entrando onde ela estava, disse-lhe: "Alegra-te, cheia de graça, o Senhor está contigo!" Ela ficou intrigada com essa palavra e pôs-se a pensar qual seria o significado da saudação. O Anjo, porém, acrescentou: "Não temas, Maria! Encontraste graça junto de Deus. Eis que conceberás no teu seio e darás à luz um filho, e tu o chamarás com o nome de Jesus. Ele será grande, será chamado Filho do Altíssimo [...]

Lucas 1,28-32. *Bíblia de Jerusalém*. São Paulo: Paulus, 2012. p. 1787.

O anjo lhe disse que ela conceberia o menino pelo poder do Espírito Santo e contou-lhe que Isabel, que morava longe de Maria, também estava grávida.

Disse, então, Maria: "Eu sou a serva do Senhor; faça-se em mim segundo a tua palavra!" E o Anjo a deixou.

Lucas 1,38. *Bíblia de Jerusalém*. São Paulo: Paulus, 2012. p. 1787.

SuperStock/Glow Images

A anunciação (1890), de Émile Bernard (1868-1941).

Depois da anunciação, Maria apressou-se em visitar Isabel. Quando entrou na casa de Isabel, o bebê pulou de alegria dentro da barriga de Isabel e esta, antes mesmo de saber que Maria estava grávida, disse:

Anunciação: passagem bíblica correspondente à visita feita pelo anjo Gabriel a Maria, anunciando-lhe que seria mãe de Jesus.

Precursor: o que precede, o que prepara o caminho de alguém ou anuncia sua chegada.

[...] Bendita és tu entre as mulheres e bendito o fruto de teu ventre! Donde me vem que a mãe do meu Senhor me visite? Pois quando tua saudação chegou aos meus ouvidos, a criança estremeceu de alegria em meu ventre.

Lucas 1,42-44. *Bíblia de Jerusalém*. São Paulo: Paulus, 2012. p. 1788.

Foi então que Maria fez sua bela oração, chamada *Magnificat*, que você verá a seguir. Ela ficou com Isabel por mais ou menos três meses. O filho de Isabel foi chamado de João Batista, primo de Jesus, considerado precursor porque começou a pregar antes dele, preparando o povo para receber sua mensagem.

Bridgeman Images/Glow Images/Coleção De Morgan

A visitação, de Evelyn de Morgan (1855-1919).

Godong/UIG/Getty Images

Maria em oração.

Exulta: tem grande alegria, manifesta grande contentamento.

Doravante: daqui para a frente.

Bem-aventurada: feliz, abençoada.

Exaltou: elevou, glorificou.

Cumulou: amontoou, aglomerou.

BEBENDO NA FONTE BÍBLICA

Louvando a Deus

A oração que Maria fez é ao mesmo tempo um louvor a Deus e uma profecia. Refere-se a um futuro em que Deus fará justiça. Os verbos, entretanto, estão no passado, como é comum na Bíblia (as profecias de Isaías sobre Jesus, por exemplo, estavam todas no passado, como se já houvessem acontecido).

Magnificat

Minha alma engrandece o Senhor,
e meu espírito exulta em Deus, meu Salvador,
porque olhou para a humilhação de sua serva.
Sim! Doravante as gerações todas
me chamarão de bem-aventurada,
pois o Todo-poderoso fez grandes coisas
em meu favor.
Seu nome é santo
e sua misericórdia perdura de geração em geração,
para aqueles que o temem.
Agiu com a força de seu braço,
dispersou os homens de coração orgulhoso.
Depôs poderosos de seus tronos,
e a humildes exaltou.
Cumulou de bens a famintos
e despediu ricos de mãos vazias.
Socorreu Israel, seu servo,
lembrado de sua misericórdia
— conforme prometera a nossos pais —
em favor de Abraão e de sua descendência, para sempre!

Lucas 1,46-55. *Bíblia de Jerusalém*. São Paulo: Paulus, 2012. p. 1788.

O QUE VOCÊ ENTENDEU?

1) Por que Maria louvou a Deus naquele momento?

2) Explique com suas palavras o que Maria profetizou.

AGORA É COM VOCÊ

Em todas as épocas da arte cristã, uma das maiores inspirações foi a figura de Maria. Sob a orientação do professor, forme grupo com seus colegas: o da poesia, o da pintura, o da escultura, o da música, o da arquitetura. Pesquisem obras de arte (poemas, quadros, templos, canções, estátuas, etc. conforme o grupo) que tenham como tema Maria ou a ela se relacionem. Depois, façam uma exposição na sala.

Maria nos evangelhos

Na Bíblia, após a anunciação e a visitação, reencontramos Maria nos evangelhos no nascimento de Jesus e, depois, em duas cenas da infância de seu filho: uma, quando bebê; a outra, aos 12 anos. A primeira é quando Jesus é levado pelos pais para ser apresentado no templo, conforme os costumes judaicos.

Havia um homem chamado Simeão, considerado muito justo e piedoso, a quem Deus havia dito que não morreria antes de ver seu enviado, o messias de Israel. No momento em que José e Maria entraram no templo com o menino Jesus, Simeão foi até eles e disse-lhes que já poderia morrer em paz, pois tinha visto a salvação.

> *Simeão os abençoou e disse a Maria, a mãe: "Este menino será causa de queda e de reerguimento para muitos em Israel. Ele será um sinal de contradição – uma espada traspassará a tua alma! – e assim serão revelados os pensamentos de muitos corações".*
>
> Lucas 2,34-35. *Bíblia Sagrada*. Tradução da CNBB. 8. ed. Brasília: Edições CNBB; São Paulo: Editora Canção Nova, [s.d.]. p. 1272.

Maria cuidando de Jesus, representada por Carlo Dolci (1616-1687).

BEBENDO NA FONTE BÍBLICA

As bodas de Caná

Reencontramos Maria quando o filho já está adulto. Em seu evangelho, João conta que Maria incentivou o primeiro sinal que Jesus deu de sua missão:

jorisvo/Shutterstock

Jesus transformando água em vinho nas bodas de Caná, representado em vitral em Málaga, Espanha.

No terceiro dia, houve um casamento em Caná da Galileia, e a mãe de Jesus estava lá. Também Jesus e seus discípulos foram convidados para o casamento. Faltando o vinho, a mãe de Jesus lhe disse: "Eles não têm vinho!" Jesus lhe respondeu: "Mulher, para que me dizes isso? A minha hora ainda não chegou".

Sua mãe disse aos que estavam servindo: "Fazei tudo o que ele vos disser!" Estavam ali seis talhas de pedra, de quase cem litros cada, destinadas às purificações rituais dos judeus. Jesus disse aos que estavam servindo: "Enchei as talhas de água"! E eles as encheram até à borda. Então disse: "Agora, tirai e levai ao encarregado da festa". E eles levaram. O encarregado da festa provou da água mudada em vinho, sem saber de onde viesse, embora os serventes que tiraram a água o soubessem. Então chamou o noivo e disse-lhe: "Todo mundo serve primeiro o vinho bom e, quando os convidados já beberam bastante, serve o menos bom. Tu guardaste o vinho bom até agora". Este início dos sinais, Jesus o realizou em Caná da Galileia. Manifestou sua glória, e os seus discípulos creram nele. Depois disso, Jesus desceu para Cafarnaum, com sua mãe, seus irmãos e seus discípulos. Lá, permaneceram apenas alguns dias.

João 2,1-12. *Bíblia Sagrada*. Tradução da CNBB. 8. ed. Brasília: Edições CNBB; São Paulo: Editora Canção Nova, [s.d.]. p. 1312-1313.

Talhas: grandes vasos de barro.

Purificações: rituais religiosos com água.

O QUE VOCÊ ENTENDEU?

1) Maria já sabia que Jesus teria o poder de resolver o problema da festa de casamento. O que isso indica a respeito dela?

2) O primeiro sinal de Jesus foi numa festa de casamento e sob a influência da mãe. O que isso sugere a você?

Maria, a mulher

Reencontramos Maria no dia trágico da crucificação de Jesus. Essa seria "a espada que a traspassaria", como Simeão a havia prevenido: o filho na cruz, coroado de espinhos, agonizante, e a inexprimível dor de mãe.

Album/Fotoarena/Museu do Prado, Madri, Espanha

A Virgem e a criança, de Angelo Trevisani (1669-1753).

No Evangelho de João lemos que nos últimos momentos, vendo Maria ao lado de João, Jesus disse a ela: "eis aí teu filho"; e a ele, o discípulo amado: "eis aí tua mãe". Dessa forma, Cristo incumbiu João de cuidar de sua mãe. De fato, a tradição cristã conta que Maria permaneceu com João até a morte, na cidade de Éfeso, Ásia Menor (atualmente na Turquia).

A personalidade de Maria impressionou os cristãos, não só por ela ter recebido a graça de conceber Jesus, mas também por sua participação serena, firme e amorosa, embora discreta, na missão do filho. Na visão dos cristãos, seu papel foi fundamental para os planos divinos, pois sua pureza e sua grandeza de alma permitiram que Jesus viesse ao mundo.

As atitudes de Maria deixam clara sua disposição para servir a Deus e praticar sua lei e seus planos. Mas também mostram seu poder de iniciativa. Sua doçura e sua humildade diante de Deus não eram nem fraqueza nem indecisão diante dos homens. Por isso, uma das imagens com que Maria foi vista através dos séculos é de mulher forte – e certamente ela teve de fazer uso de muita força moral ao ver o filho morrer na cruz.

Maria, mãe de Jesus. Para muitos, "mãe de Deus". Obra de Emil Parrag (1925-).

Bridgeman Images/Glow Images/Coleção particular

Os muitos nomes de Maria

Maria é chamada de "mãe de Deus"... Mas a mesma discussão que houve sobre a divindade de Jesus se estendeu à sua mãe. Quem não acreditava e não acredita que Jesus seja Deus também não aceita Maria como "mãe de Deus".

Cultuada no mundo inteiro, Maria tem mais de 150 nomes e títulos, a maioria referente a locais onde se deu alguma aparição dela ou à história de alguma imagem sua que as pessoas passaram a venerar – são exemplos Nossa Senhora Aparecida (Brasil), Nossa Senhora da África, Nossa Senhora de Lourdes (França), Nossa Senhora de Fátima (Portugal), Nossa Senhora de Guadalupe (México), etc.

SuperStock/Masterfile/Latinstock

Nossa Senhora de Czestochowa, da Polônia, considerada a primeira representação negra de Maria.

Uma das aparições mais recentes foi a de Nossa Senhora de Medjugorje, na Iugoslávia, em 1981.

Cristãos do Ocidente e do Oriente veem em Maria a mãe cheia de piedade e misericórdia, que acolhe os sofredores em busca de consolo e os pecadores que pedem perdão. Entendem que Maria, chamada de Nossa Senhora, poderia interceder junto a Deus, pedindo a Ele por nós.

Os evangelhos e as aparições de Maria – em geral para gente do povo, crianças e camponeses – fizeram com que ela assumisse o papel de defensora dos humildes, dos pobres, dos explorados deste mundo. Em seu *Magnificat*, suas palavras já indicam essa preocupação.

Muita gente não acredita nessas manifestações de Maria. Mas o povo continua a demonstrar sua devoção por ela e a lhe pedir ajuda em todos os problemas.

A protetora das Américas

A aparição de Nossa Senhora de Guadalupe, chamada de "protetora das Américas", provocou, no México, a conversão ao cristianismo católico de milhões de pessoas que antes seguiam a religião asteca.

Segundo a história, quando os espanhóis chegaram ao México, em 1519, houve uma matança generalizada e o comandante espanhol Hernando Cortez cometeu crueldades terríveis contra os indígenas. Ora, como um povo poderia se converter a uma religião que era imposta com violência?

Foi então que o fenômeno de Guadalupe se deu, conforme narra a tradição. Entre os astecas havia imperadores, nobres, ricos, mas foi para um índio humilde, Juan Diego, convertido ao cristianismo, que Maria apareceu.

Como todas as outras aparições, tratava-se de uma mulher vestida de luz. Ela disse a Juan Diego chamar-se Maria Tequatlaxopeuh (nome que, em asteca, significa "aquela que afugentou quem nos matava").

A aparição lhe disse que pedisse ao bispo que construísse um templo no local em que havia surgido; assim ela poderia manifestar seu amor, piedade e amparo à humanidade. A princípio, o bispo não acreditou e pediu um sinal. Maria, então, curou um tio doente de Juan Diego e fez com que este levasse flores ao bispo, mas eram flores que não havia na estação do ano em que estavam. Diego colocou as flores em seu manto e, quando o abriu diante do bispo, nele estava estampada uma imagem de Maria como ele havia descrito anteriormente. O bispo acreditou, o templo foi construído e tornou-se local de visita e oração de milhares de pessoas. Lá, também, até hoje o manto de Juan Diego pode ser visto.

Emilio Espejel/Getty Images

Peregrino a caminho da Basílica de Guadalupe, no México, em dezembro de 2016.

A padroeira do Brasil

O caso de Nossa Senhora Aparecida, para os católicos, a padroeira (santa protetora) do Brasil, foi diferente. Em 1717, três pescadores – Domingos Garcia, João Alves e Filipe Pedroso – estavam pescando no rio Paraíba, perto de Guaratinguetá (SP). Quando lançaram a rede, "pescaram" o corpo de uma imagem faltando a cabeça. Lançaram, então, de novo as redes em outro trecho do rio e veio a cabeça da imagem. Foi aí que viram tratar-se de uma Nossa Senhora negra.

O mais religioso dos três pescadores, Filipe Pedroso, levou a imagem para casa e, com o tempo, as pessoas começaram a se reunir para orar em torno dela. Os milagres começaram a acontecer, até que, em 1743, construiu-se a primeira capela de Nossa Senhora da Conceição Aparecida. Hoje, trata-se de uma igreja enorme, visitada por aproximadamente 12 milhões de pessoas todos os anos.

Fiéis na Basílica de Aparecida, no dia da Padroeira, 12 de outubro, em 2017. Comemoração dos 300 anos do encontro da imagem de Nossa Senhora Aparecida.

Aloisio Mauricio/Fotoarena

Maria e os protestantes

Com o movimento da Reforma Protestante, uma parte dos cristãos começou a questionar esse culto a Maria, já que Lutero, um dos fundadores do movimento, era contra qualquer tipo de intermediário entre Deus e os fiéis. Ele acreditava que a única intermediação era a do próprio Jesus e, por isso, não considerava certo orarmos pedindo a intercessão dos santos ou de Maria.

Mas essa posição de Lutero não significava desprezo nem desconsideração com Maria, por quem ele tinha grande admiração. Ao comentar o *Magnificat* de Maria, ele afirmou que:

Werner Otto/Alamy/Fotoarena

Escultura em madeira de Maria com o menino Jesus, em Igreja luterana, Alemanha.

Para entendermos este santo cântico de louvor em sua ordem, deve-se considerar que a altamente louvada virgem Maria fala de experiência própria, na qual ela foi iluminada e instruída pelo Espírito Santo. Pois ninguém é capaz de entender corretamente a Deus ou a palavra de Deus a não ser que o tenha do Espírito Santo; todavia, ninguém o pode ter do Espírito Santo se não o experimentar, sentir ou perceber. Nessa experiência o Espírito Santo ensina como em sua própria escola; fora dela nada se ensina além de palavras que buscam a aparência e conversa vazia. É este o caso da santa virgem. Depois de ter experimentado em sua própria pessoa que Deus realiza nela coisas tão grandes, apesar de ter sido nada, insignificante, pobre e desprezada, o Espírito Santo lhe ensina este rico conhecimento e sabedoria: que Deus é um Senhor que não faz outra coisa do que exaltar o que é humilde, de humilhar o que é elevado, em suma, de quebrar o que está feito e de refazer o que está quebrado.

[...] O mesmo faz aqui a doce mãe de Cristo, ensinando-nos, pelo exemplo de sua própria experiência e por meio de palavras, como se deve conhecer, amar e louvar a Deus. Pois aqui ela se gloria e louva a Deus com um espírito saltando de alegria, dizendo que ele havia posto o olhar nela, sendo ela humilde e nada; [...]

LUTERO, Martinho. *Obras selecionadas*. São Leopoldo: Sinodal; Porto Alegre: Concórdia Editora, [s.d.]. 6 v. p. 23-25.

O X DA QUESTÃO

1) Quais são as virtudes que Maria demonstrou como mulher?

2) Você acredita que Maria realmente tenha aparecido para as pessoas que a viram? Justifique sua opinião.

Maria e o islã

A figura de Maria consegue marcar sua presença além do cristianismo. Na reportagem a seguir, vemos o profundo respeito e admiração que os muçulmanos têm pela mãe de Jesus.

Album/Fotoarena/Museu Salar Jung, Darushifa, Índia

Representação islâmica de Maria com o menino, século XVI.

Os muçulmanos, assim como os cristãos, consideram que ela é sagrada acima de todas as mulheres, e seu nome "Maryam" aparece mais frequentemente no Alcorão do que "Maria" na Bíblia. [...] Como na Bíblia, um anjo lhe anuncia a gravidez no livro sagrado muçulmano. Mas ao contrário da Bíblia, Maria-Maryam dá à luz sozinha. Não há José.

"Maria é a mais pura e mais virtuosa de todas as mulheres no universo", diz Bakr Zaki Awad, diretor de teologia da Universidade Al Azhar, a principal universidade teológica do Cairo.

No Egito, conversei com muçulmanos devotos que, por sua reverência pela Virgem Maria, não tinham dúvidas em visitar igrejas cristãs e rezar para ela na igreja e na mesquita. Um dia, no Cairo, encontrei duas jovens mulheres muçulmanas com lenços de cabeça em frente à antiga igreja copta Abu Serga, construída sobre uma caverna que se diz ter sido usada pela Sagrada Família. Era a véspera da Páscoa copta, e dentro, os congregados cantavam e rezavam por horas. Do lado de fora, as mulheres disseram que amam Maria por tê-la estudado no Alcorão.

"Sua história nos diz muitas coisas", disse Youra, 21 anos. "Ela é capaz de enfrentar muitas dificuldades em sua vida por causa de sua fé, sua crença em Deus". A amiga de Youra, Aya, acrescentou: "Há uma sura em seu nome no Alcorão, então estávamos curiosas sobre o que estava acontecendo dentro da Igreja."

Conheci Nabila Badr, 53, numa igreja copta ao longo do Nilo, numa parte do Cairo, chamada Al Adawey, um dos muitos lugares no Egito, onde a Sagrada Família teria parado. Badr é casada, mãe de três filhos e organizadora de eventos do governador de um estado perto do Cairo. Junto com o seu Corão, ela carrega medalhas cristãs da Virgem Maria em sua bolsa. Numa sala pequena na parte de trás da igreja, Badr misturou-se com cristãos coptas orando ali, acendeu uma vela após uma outra, curvou-se e orou para um ícone de Maria na parede – da qual se disse uma vez que chorava lágrimas de óleo. Badr disse que ela fala com Maria sobre sua vida e que Maria lhe respondeu várias vezes mostrando suas visões em sonhos que mais tarde se tornaram realidade.

Como muitos egípcios, Badr também acredita em jinn, ou espíritos, que influenciam a vida para o bem ou o mal, embora ela diga apenas ter seu próprio anjo. "Ele também acredita na Virgem Maria", disse ela. Badr muitas vezes pede a Maria para interceder por ela [...]. "Quando eu me sinto triste", disse Badr, "rezo muito a Deus, mas também consulto Maria, e depois de um tempo as coisas se acalmam".

Na igreja de Santa Maria em Zaytun, um bairro do Cairo antigo, as aparições de uma Senhora silenciosa banhada por luz branca disseram ter aparecido durante a noite, acima das cúpulas da igreja, durante três anos, de 1968 a 1971. As palmeiras brancas incandescentes às vezes acompanham as aparições. Yohanna Yassa, um padre copta que ministrou em Santa Maria desde 1964, disse-me que muitas vezes mulheres muçulmanas que querem engravidar vão à igreja para orar. "Hoje nós tivemos uma senhora que veio para uma bênção", disse ele. "Maria está nos chamando espiritualmente, e por isso, tanto os muçulmanos quanto os cristãos a amam e a respeitam".

ORTH, Maureen. The Virgin Mary: the world's most powerful woman. *National Geographic*. Dezembro 2015. v. 228. n. 6. p. 30-59. Tradução dos autores.

EU COMIGO

"Agora, farei uma reflexão sobre a vida de Maria e comentarei com minhas palavras tudo de que gostei em sua história."

SESSÃO DE CINEMA

A Virgem de Guadalupe

Dom Murilo S. R. Krieger. Associação do Senhor Jesus, Campinas.

Documentário que narra a história de Nossa Senhora de Guadalupe, padroeira da América Latina que apareceu a um humilde indígena em 1531, no México.

Reprodução/Associação do Senhor Jesus

As aparições de Nossa Senhora de Fátima

CCC OF AMERICA, Associação do Senhor Jesus, Campinas.

Desenho animado sobre as crianças Lúcia, Francisco e Jacinta, que com grande fé e coragem transmitiram importantes mensagens da Virgem Maria ao Mundo.

Reprodução/Editora Paulinas

Maria, nossa mãe Aparecida

Editora Paulinas.

O filme reconstitui o encontro da imagem de Nossa Senhora Aparecida nas águas do rio Paraíba pelos pescadores. Especialistas esclarecem os fatos históricos e interpretam a experiência religiosa de milhões de peregrinos. Um retrato da religiosidade do povo brasileiro.

Procure assistir aos filmes indicados pensando sobre esta questão:
Qual o significado das aparições de Nossa Senhora entre pessoas humildes e crianças?

FALANDO DE FEMINISMO

Um longo caminho

O movimento feminista nasceu na Europa em 1791, durante a Revolução Francesa, com a Declaração dos Direitos das Mulheres e das Cidadãs. Seu objetivo era conquistar igualdade de condições sociais e políticas para as mulheres. Porém, uma dessas conquistas – há muitas outras –, que é o direito feminino ao voto, só viria a ser reconhecida em 1944, mais de 150 anos depois.

Na Inglaterra, o movimento teve início em 1792, mas o direito das mulheres ao voto somente seria conquistado em 1918.

Nos Estados Unidos, a luta também foi longa. Em 1848, um grupo de mulheres passou a exigir melhores condições nos estudos, no trabalho, no casamento, na política, etc. Em 1920, as mulheres passaram a votar.

Ainda nos Estados Unidos ocorreu um fato trágico: no dia 8 de março de 1857, em Nova Iorque, houve a primeira greve só de mulheres, por melhores condições de trabalho. Os patrões não apenas não aceitaram os pedidos como mandaram pôr fogo no prédio, causando a morte de todas elas. Em sua homenagem, a Conferência Internacional da Mulher declarou, em 1910, o dia 8 de março como o Dia Internacional da Mulher.

No Brasil, a luta da mulher iniciou-se no século XIX, pelo direito à instrução. Em 1917, trabalhadoras têxteis iniciaram uma greve pela redução da jornada de trabalho e melhores salários. Em 1919, Bertha Lutz e Olga Paiva Meira representaram as brasileiras no Conselho Feminino Internacional do Trabalho. Em 1928, o Rio Grande do Norte admitiu o voto feminino, que em 1932 estendeu-se a todo o território nacional.

Os movimentos feministas se espalham pelo mundo. Mas, após tantas lutas, muitos reconhecem que a busca da mulher pela emancipação ainda não alcançou seus objetivos. Exemplo disso é a exploração comercial que se faz do corpo feminino. A desigualdade nos salários e o escasso número de mulheres na política são outros exemplos.

Passeata em homenagem ao Dia Internacional da Mulher. São Paulo (SP), 8 de março de 2017.

Cris Faga/NurPhoto/Getty Images

A violência contra a mulher também demonstra o quanto ainda há a fazer contra a cultura do machismo no Brasil e no mundo. Segundo dados do Fórum Brasileiro de Segurança Pública e do Instituto Datafolha, a cada hora, 503 mulheres foram vítimas de agressão física em 2016.

A mulher segundo o cristianismo

Para os cristãos, a valorização da mulher tem raízes no próprio Jesus de Nazaré, pois seu relacionamento com as mulheres era de igual para igual, e os princípios da moral cristã são de igualdade fundamental entre todos os seres humanos. Um exemplo é Maria Madalena, que foi a primeira testemunha do aparecimento de Jesus depois da ressurreição.

Catecismo: livro elementar de instrução religiosa que ensina os preceitos de uma religião.

Além disso, o Catecismo católico esclarece que Deus não é a imagem do homem: Ele não é homem nem mulher. Deus é espírito e não há nele lugar para as diferenças de sexo. Entretanto, em muitas épocas as próprias religiões cristãs contribuíram para que a mulher ficasse submetida ao poder masculino. Hoje, os cristãos compreendem melhor o papel da mulher, mas, na maioria das Igrejas cristãs, as mulheres não podem exercer as mesmas funções que os homens, como sacerdotes.

Alguns criticam o movimento feminista, sem conhecimento, considerando que ele caiu no exagero, a ponto de desvalorizar o papel de mãe, o que não é verdade. O feminismo luta para que todas as mulheres tenham direitos, sejam respeitadas e possam escolher o que desejam para si, inclusive a maternidade. Por isso, certas correntes cristãs apoiam o feminismo que luta pela igualdade de direitos políticos, trabalhistas e sociais, mas que também valoriza a maternidade, baseado na figura materna de Maria. O exemplo de Maria é fundamental, pois ela representa a ternura e o amor de mãe em sua maior elevação.

Album/Fotoarena/Galeria Nacional Escocesa, Edinburgo, Escócia

Cristo na casa de Marta e Maria, de Jan Vermeer (1632-1675).

DE OLHO NO MUNDO

Alamy/Fotoarena

Estátua gigante de Guan-Yin no Templo Wat Huay pla Kung, Tailândia.

Uma protetora do Oriente

Para os budistas, "bodhisattva" é alguém que já atingiu a perfeição. Segundo a professora Ho Yeh Chia, da USP (Universidade de São Paulo), a Bodhisattva Guan-Yin lembra muito Maria de Nazaré, pois se trata de uma figura de grande amor materno, conhecida nas diversas correntes budistas.

[...] conta-se, na tradição popular, que ela foi uma princesa na antiga Índia, era a mais bela e piedosa entre todas; não gostava de vestidos luxuosos, nem de pratos finos feitos com carnes de animais, embora tudo isso lhe fosse oferecido como direito. Alimentava-se de verduras, porque não suportava ver animais sendo mortos; vestia-se de panos grossos porque gostava de ser simples; e era a mais piedosa entre as filhas. Mas quando chegou o momento de casar, fugiu do palácio porque queria buscar o seu caminho e se dedicar ao ascetismo, seguir o exemplo de Buda. Ao ser obrigada pelos seus pais a contrair casamento, ajoelhou-se diante do palácio do rei, durante dias e noites, sem nada comer, passando frio e tomando vento e chuva, apenas recitando o "Sutra da Grande Compaixão". E assim, sua fé venceu todas as barreiras. Quando alcançou o Nirvana, não teve desprendimento suficiente para deixar o mundo, porque a sua compaixão era tão forte e infinita que lhe deu forças para fazer o maior voto que alguém podia desejar realizar: "enquanto houver almas sofredoras sobre a face da Terra, não abandonarei esse mundo, e ajudarei todos a alcançar a libertação". E assim, ela é oficialmente chamada a "Grande Misericordiosa e Grande Compassiva Bodhisattva Guan-Shi-Yin" (a propósito, Guan-Shi-Yin, em chinês, significa literalmente: "Aquela que vê e que ouve o Mundo").

CHIA, Ho Yeh. *Nota sobre a misericórdia de Bodhisattva Guan-Yin*: reflexão a partir do artigo "Mother Mary Comes to Me – a radical insegurança da condição humana". Disponível em: <www.hottopos.com/mp2/bodhisattva.htm>. Acesso em: 30 nov. 2017.

Os budistas acreditam que ela é incapaz de abandonar quem quer que seja, budista ou não, pois entende que todas as pessoas são de natureza búdica, isto é, todos são budas em potencial, pouco importando sua religião.

De acordo com a professora Ho Yeh Chia, embora tanto Maria quanto Guan-Yin tenham suas tradições, uma lembra a outra, porque as duas simbolizam o amor materno, a pureza, a coragem, a fé, a compaixão e a misericórdia. Representam a mãe que tudo perdoa e nunca se cansa de ter piedade.

DE OLHO NO BRASIL

Lula Marques/Folhapress

Madre Paulina.

Santas brasileiras

Em geral, o catolicismo considera santos aqueles que ou sofreram o martírio por causa de sua fé em Jesus Cristo ou que, comprovadamente, testemunharam com suas vidas os seus ensinamentos. Além disso, segundo a fé católica, por já estarem junto de Deus, podemos pedir-lhes ajuda para que intercedam junto a Ele.

O Brasil é um dos países com maior número de católicos no mundo. Segundo dados publicados pela Igreja católica em 2017, o Brasil conta com aproximadamente 172 milhões de católicos, cerca de 26% do total de católicos do continente americano. Mesmo assim, a Igreja católica demorou para reconhecer algum santo brasileiro, o que só aconteceu em 2000 com a "Irmã Paulina do Coração Agonizante de Jesus". Seu nome de batismo era Amábile Lúcia Visintainer, e ela nasceu em Trento, na Itália, em 1865. Teve treze irmãos e, em 1875, veio com a família para o Brasil, fixando-se em Nova Trento (SC).

Desde os 15 anos, Amábile tinha como tarefas – com uma amiga, Virgínia – a limpeza da Capela de São Jorge, o ensino de catecismo às crianças e a visita aos doentes. Com a perda da mãe, em 1887, ela também passou a cuidar dos sete irmãos menores. Em 1890, a assistência aos doentes passou a ser dada em um hospital. O povo, então, pediu que Amábile e Virgínia tomassem conta desse hospital, cujas condições eram precárias.

Assim, em 1890, começava, ainda em condições de extrema pobreza, a obra que viria a tornar-se a Congregação das Irmãzinhas da Imaculada Conceição (CIIC). Como freira, Amábile adotou o nome de Irmã Paulina do Coração Agonizante de Jesus. Foi com esse nome que ela dedicou o resto de seus dias, até a morte, em 1942, aos cuidados dos doentes e ao amparo dos sofredores.

Vinte e três anos após sua morte, iniciou-se uma campanha para o reconhecimento da santidade de Madre Paulina, mas apenas no ano 2000 o papa João Paulo II anunciou sua canonização. A partir dessa data, ela passou a ser chamada de *Santa Paulina do Coração Agonizante de Jesus*.

Canonização: ato solene da Igreja católica, presidido pelo papa, pelo qual alguém é declarado santo e passa a integrar o rol dos santos da Igreja. É feita com base na análise de extensa documentação que ateste suas excepcionais virtudes cristãs e a realização de milagres.

Atualmente, outras duas brasileiras estão no processo de reconhecimento oficial da santidade feito pela Igreja católica: a mineira Nhá Chica e a baiana Irmã Dulce.

Francisca de Paula de Jesus (1810-1895), mais conhecida como Nhá Chica, viveu a maior parte de sua vida na cidade de Baependi (MG) e se dedicou a praticar a caridade, a aconselhar e ajudar as pessoas que a procuravam, desde as mais pobres até pessoas de altos cargos públicos.

Imagem gentilmente cedida pela Igreja de Nossa Senhora Da Conceição da Beata Nhá Chica, Reitoria Episcopal

Único registro fotográfico de Nhá Chica, em 1894.

Ainda em vida, diversos eventos miraculosos foram atribuídos às suas orações. Ao ser questionada sobre os milagres, respondia simplesmente "Isso acontece porque rezo com fé". Filha de uma ex-escrava, era analfabeta e não deixou nenhum registro escrito, mas um médico, conhecendo sua história, a entrevistou e registrou o diálogo em um livro, que é um dos mais importantes documentos a respeito da vida e do pensamento de Nhá Chica.

Irmã Dulce (1914-1992) foi uma religiosa que dedicou a vida ao cuidado dos pobres, doentes e crianças abandonadas nas ruas de Salvador (BA). Apesar de ter nascido em uma família com algum recurso financeiro, sua luta para arrumar um local onde pudesse cuidar das pessoas carentes foi longa e começou na própria residência da família. Em 1949, instalou-se num galinheiro, onde alojou cerca de 70 doentes sob seus cuidados. A partir daí, sua obra começou a crescer até serem construídos hospitais e casas de apoio para crianças, que, ainda hoje, acolhem e cuidam de dezenas de pessoas.

Raimundo Silva/Agência O Globo

Irmã Dulce em seu educandário, em 1983, Salvador (BA).

SESSÃO DE MÚSICA

Maria, Maria

Milton Nascimento e Fernando Brant. In: REGINA, Elis. *Saudade do Brasil*. [S.l.]: WEA, 1980. 1 CD. Faixa 3.

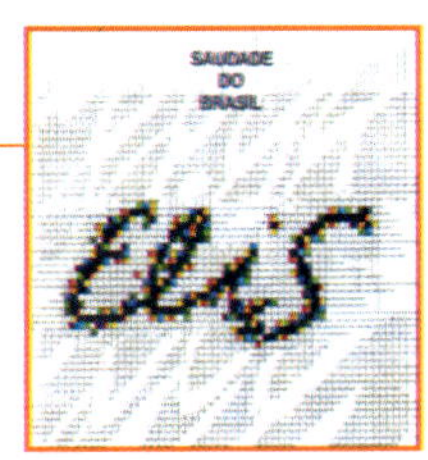

Reprodução/Warner Music Group

A letra desta música representa toda a força da mulher e é baseada na história de uma pessoa real.

Procure ouvir a música e pense:

Maria representa todas as mulheres e todas as mulheres tem algo de Maria?

Arquivo/Estadão Conteúdo/AE

Dom Hélder Câmara, em 1956, no Rio de Janeiro (RJ).

E PARA TERMINAR

Dom Hélder Câmara (1909-1999) foi um bispo católico brasileiro. Lutou contra as injustiças sociais no Brasil e contra a ditadura que se havia instalado entre nós com o golpe de 1964.

Em um de seus textos, ele se dirige a Maria.

Oração à Virgem da Libertação

Maria, Mãe de Cristo e Mãe da Igreja, ao preparar-nos para a missão evangelizadora que nos cabe continuar, alargar e aprimorar, pensamos em Ti. Mas de modo especial pensamos em Ti pelo modelo perfeito de ação de graças que é o hino que cantastes, quando tua prima, Santa Isabel, mãe de João Batista, te proclamou a mais feliz dentre as mulheres, não paraste em tua felicidade, pensaste na humanidade inteira. Pensaste em todos. Mas assumiste uma clara opção pelos pobres, como teu Filho faria depois. Que há em Ti, em tuas palavras, em tua voz, que anuncias no Magnificat *a deposição dos poderosos e a elevação dos humildes, o saciamento dos que têm fome e o esvaziamento dos ricos, e ninguém ousa julgar-Te subversiva ou olhar-Te com suspeição? [...]*

CÂMARA, Dom Hélder. In: GALHARDO, Antonio C.; BISCALQUIN, Dalcides; DANELON, Irineu. *Os jovens rezam:* orações para o seu dia a dia. 7. ed. São Paulo: EDB, 2014. p. 267. Disponível em: <http://edbbrasil.org.br/gratuitos/os-jovens-rezam.pdf>. Acesso em: 1º mar. 2018.

a) Procure no dicionário as palavras que você desconhece e escreva seu significado.

b) Com que característica de Maria, dentre as que você viu neste capítulo, esse texto se identifica?

c) Quando dom Hélder manifesta surpresa pelo fato de não julgarem Maria subversiva, está pensando em milhares de pessoas que, no Brasil da década de 1970, discordavam do governo, lutavam por justiça social e eram acusadas de subversão, torturadas e mortas. Com que intenção ele invoca Maria nessas circunstâncias?

> [...] sem a mulher não há harmonia no mundo.
>
> **Papa Francisco.**
>
> Disponível em: <http://w2.vatican.va/>. Acesso em: 1º dez. 2017.

Album/Fotoarena/Museu de História da Arte, Viena, Áustria

O apóstolo Paulo, de Rembrandt (1606–1669).

10
A fé que move montanhas

A conversão, mudança radical

Você seria capaz de mudar totalmente a sua vida em nome de um ideal? Contestar tudo em que acreditava? Transformar-se a ponto de as pessoas acharem que você se tornou outra pessoa? Isso às vezes acontece com quem passa pela conversão a uma religião.

Conversão: adoção de uma nova religião, filosofia ou modo de vida.

Um dos mais famosos convertidos da história do cristianismo, Paulo de Tarso, não apenas teve uma vida emocionante e bela, mas foi o principal responsável por levar a mensagem de Jesus aos quatro cantos do Império Romano.

Ele era um jovem e brilhante doutor da lei judaica e seu nome era Saulo, da cidade de Tarso. Pertencia ao grupo dos fariseus, o mesmo grupo que tramou o julgamento e a condenação de Jesus. Mas Saulo só aparece na Bíblia depois que Jesus havia sido morto e ressuscitado.

Fariseus: sacerdotes judeus do tempo de Jesus. Tinham como norma a obediência rigorosa às leis da Torá. Entretanto, Jesus os acusou severamente por seu orgulho e hipocrisia e pelo fato de desprezarem a essência da lei para darem excessiva atenção a detalhes das práticas externas (Mateus 23,1-39).

Sermões: ensinamentos proferidos por sacerdotes aos fiéis.

Os discípulos de Jesus – Pedro, João, Tiago, Felipe e outros – continuavam o movimento iniciado por ele e pregavam em Jerusalém, anunciando o Reino de Deus. A eles se juntaram novos discípulos, como Estêvão, que pregava com entusiasmo e beleza.

Os sermões de Estêvão eram calorosos. Ele dizia que Jesus havia trazido um ensinamento novo e que os judeus não o tinham aceitado, da mesma forma como não aceitaram, por exemplo, José do Egito e Moisés, figuras importantes na história do povo hebreu que sempre se preocuparam com o bem do povo, mas que foram rejeitadas. Isso os deixou muito irritados: discutiram com ele e o levaram a julgamento no Sinédrio, o mesmo tribunal que julgou Jesus, exigindo que retirasse o que havia dito.

O apedrejamento de Santo Estêvão, de Annibale Carracci (1560-1609).

Album/Fotoarena/Museu do Louvre, Paris, França

Estêvão negou-se corajosamente a fazê-lo. Os judeus, então, o arrastaram para fora da cidade de Jerusalém e começaram a apedrejá-lo. No meio deles estava Saulo, que também era contra os cristãos.

Estêvão, porém, não perdeu a serenidade e orou:

> *[...] Senhor Jesus, recebe meu espírito.*

E, imitando Jesus na cruz, que pediu perdão para os que o matavam, disse:

> *[...] Senhor, não lhes leves em conta este pecado.*
>
> Atos dos Apóstolos 7,59-60. *Bíblia de Jerusalém*. São Paulo: Paulus, 2012. p. 1914.

Depois de Jesus, Estêvão foi o primeiro mártir do cristianismo.

Mártir: aquele que dá a vida por uma causa, por uma ideia ou por uma religião.

Inconformado com o atrevimento dos cristãos de acharem que Jesus, considerado pelos judeus um simples carpinteiro, era o messias esperado, Saulo não se contentou com a morte de Estêvão: atirou-se a uma perseguição feroz contra os seguidores de Cristo. Entrou nas casas, prendeu, mandou chicotear. Expulsou os mais importantes cristãos da cidade de Jerusalém.

Certo dia, conseguiu uma licença do Sinédrio para ir a Damasco, importante cidade da época, para prender os cristãos que lá houvesse... Mas um fato extraordinário se deu, mudando para sempre sua vida.

Segundo conta Lucas nos Atos dos Apóstolos, quando estava a caminho de Damasco, Saulo de repente viu uma luz intensa e ouviu uma voz que lhe dizia:

[...] "Saul, Saul, por que me persegues?" Ele perguntou: "Quem és, Senhor?" E a resposta: "Eu sou Jesus, a quem tu persegues. Mas levanta-te, entra na cidade, e te dirão o que deves fazer".

Atos dos Apóstolos 9,4-6. *Bíblia de Jerusalém*. São Paulo: Paulus, 2012. p. 1916.

Bridgeman Images/Glow Images/Coleção particular

A aparição de Jesus a Paulo no caminho para Damasco. *A conversão de São Paulo*, de Nicolas-Bernard Lepicie (1735-1784).

Saulo ficou tão abalado e arrependido, e a luz havia sido tão intensa, que ficou cego. Conduziram-no para dentro da cidade e ele passou três dias trancado numa hospedagem, sem comer e beber e sem falar com ninguém, talvez meditando sobre sua vida e o significado do encontro com Jesus.

Enquanto isso, um discípulo cristão que vivia em Damasco e se chamava Ananias recebeu a visita de Jesus, que lhe disse em visão:

[...] "Ananias!" Ele respondeu: "Estou aqui, Senhor!" E o Senhor prosseguiu: "Levanta-te, vai pela rua chamada Direita e procura, na casa de Judas, por alguém de nome Saulo, de Tarso. Ele ora e acaba de ver um homem chamado Ananias entrar e lhe impor as mãos, para que recobre a vista". Ananias respondeu: "Senhor, ouvi de muitos, a respeito deste homem, quantos males fez a teus santos em Jerusalém. E aqui está com autorização dos chefes dos sacerdotes para prender a todos os que invocam o teu nome". Mas o Senhor insistiu: "Vai, porque este homem é para mim um instrumento de escol para levar o meu nome diante das nações pagãs, dos reis, e dos israelitas. Eu mesmo lhe mostrarei quanto lhe é preciso sofrer em favor do meu nome".

Escol: o que há de melhor ou de maior qualidade em uma sociedade ou grupo.

Atos dos Apóstolos 9,10-16. *Bíblia de Jerusalém*. São Paulo: Paulus, 2012. p. 1917.

Alamy/Fotoarena

Ananias restaurando a visão de Saulo. Vitral de igreja em Londres, Inglaterra.

Ananias obedeceu e foi ao encontro de Saulo. Impôs-lhe as mãos e sua visão foi recuperada.

Desde esse dia, Saulo transformou-se: de inimigo dos cristãos, tornou-se cristão convicto. Deixou de ser fariseu, passou a ganhar a vida como tecelão, fazendo tapetes e tendas, e tornou-se um dos maiores apóstolos do cristianismo nascente.

De Saulo a Paulo

Saulo passou a ensinar o Evangelho em toda parte. Ia a pé, de cidade em cidade, por todo o Império Romano, fazendo amigos, conquistando pessoas para os ensinamentos de Jesus, fundando novas comunidades cristãs... Enquanto os outros discípulos aceitavam o sustento das comunidades que os hospedavam, Saulo trabalhava por conta própria.

As viagens de São Paulo

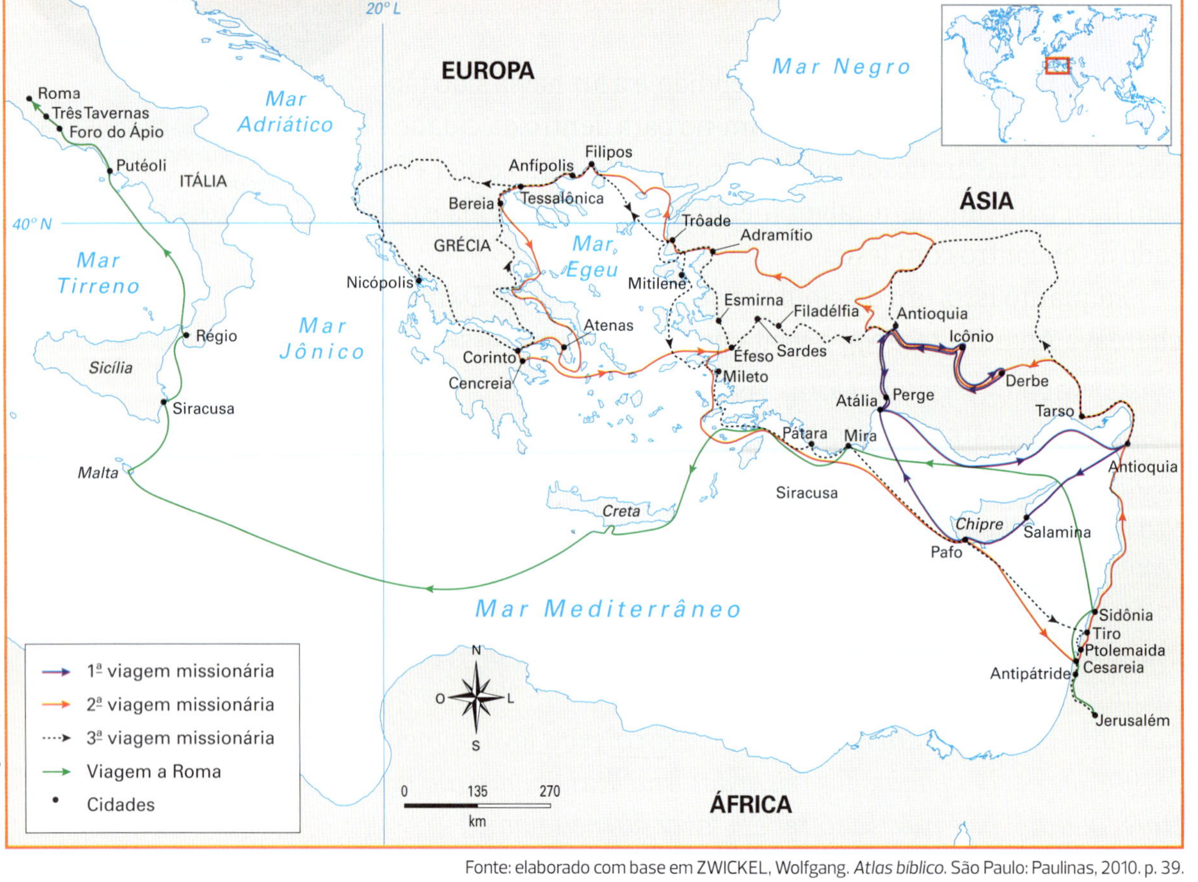

Banco de imagens/Arquivo da editora

Fonte: elaborado com base em ZWICKEL, Wolfgang. *Atlas bíblico*. São Paulo: Paulinas, 2010. p. 39.

De perseguidor, Saulo tornou-se perseguido, pois em todos os lugares encontrava quem não aceitava as ideias de Jesus. Foi preso, apedrejado, chicoteado, expulso das cidades... Com sua personalidade forte, vibrante e apaixonada, nunca se deixava abater e prosseguia em sua missão.

Um dia, na cidade de Corinto, na Grécia, um romano poderoso chamado Sérgio Paulo mandou chamar Saulo, pois estava doente e queria ser curado.

Saulo o visitou e conseguiu sua cura. Mas não foi só isso: Sérgio Paulo converteu-se ao cristianismo e ajudou Saulo a fundar a primeira comunidade cristã em Corinto. A partir de então, Saulo passou a assinar Paulo, talvez em homenagem ao novo amigo.

Bridgeman Images/Glow Images/Victoria & Albert Museu, Londres, Inglaterra

Paulo pregando em Atenas, de Rafael Sanzio.

Paulo e Pedro em Roma

Após visitar e fundar várias igrejas, Paulo começou a ser muito requisitado para aconselhar as comunidades em assuntos de fé e comportamento. Foi então que teve a ideia de escrever suas epístolas, isto é, cartas. As epístolas de Paulo e de outros apóstolos estão no Novo Testamento e continuam a orientar a fé e a vida dos que creem em Jesus.

Depois de todo esse trabalho missionário, entre lutas e perseguições, Paulo foi preso e, para não ser julgado pelos judeus em Jerusalém, pediu para ser julgado pelo imperador em Roma, a capital do Império. Essa era uma oportunidade de levar a palavra do Evangelho até lá. Em Roma, Pedro também pregava as ideias de Jesus.

Os apóstolos Pedro e Paulo, de El Greco (1541-1614).

Album/Fotoarena/Museu da Catalunha, Barcelona, Espanha

Nessa mesma época, os cristãos começaram a ser perseguidos pelos romanos. Nero, um dos imperadores mais terríveis que Roma teve, incendiou parte da cidade no ano de 64 d.C., matando milhares de pessoas, simplesmente porque queria reconstruí-la a seu modo. Mas depois, vendo que o povo ficara muito revoltado, pôs a culpa nos cristãos e, no ano 65 d.C., começou a mandá-los para a arena, onde morriam devorados por leões ou outras feras e serviam de diversão para o povo.

Já idoso, Paulo foi preso e soldados romanos o levaram para um lugar deserto, onde foi decapitado. Paulo enfrentou a morte com a coragem que sempre tivera. Pedro também morreu em Roma. Quiseram crucificá-lo como haviam feito com Jesus. Mas conta a tradição que o velho apóstolo não se julgou digno de morrer como seu mestre. Pediu então que o crucificassem de cabeça para baixo. E assim foi feito.

AGORA É COM VOCÊ

Sob a orientação do professor, faça, na Bíblia, um levantamento de todas as epístolas que Paulo escreveu. Depois, em grupo, montem um grande painel na sala, com o mapa das viagens de Paulo, o nome de todas as epístolas e, pelo menos, uma frase de cada epístola.

EU COMIGO

Ao conhecer a vida de Paulo, você viu que Deus tinha um plano para ele e Paulo seguiu o chamado de Jesus. Será que todo mundo tem um plano na vida? Imagine um pouco como será sua vida...

"Eu tenho um projeto de vida? Eu seria capaz de me dedicar com todas as forças a uma grande causa? Sofrer, lutar, trabalhar sem descanso por uma ideia? Por que sim? Ou por que não?"

Timur Bekmambetov/Paramount Pictures/
Metro-Goldwyn-Mayer Pictures

SESSÃO DE CINEMA

Ben Hur

Direção de Timur Bekmambetov. Paramount Pictures, 2016.

Baseado no romance escrito em 1880 por Lew Wallace, o filme conta a história de Juda Ben Hur. Acusado falsamente de traição por seu irmão adotivo Messala, ele vive longos anos como escravo e, ao sobreviver, busca vingança.

Na história, aparece a figura de Jesus. Procure assistir ao filme indicado pensando sobre esta questão:

A vingança é uma ação justificada? Ou o melhor caminho é sempre o perdão?

As discussões sobre Paulo

A figura de Paulo e suas ideias causaram discussões que duram até hoje no mundo cristão. Alguns acham que, se não fosse por ele, o cristianismo teria talvez morrido no início, pois ninguém tinha sua coragem e determinação para levar a palavra de Jesus a toda parte. Outros o criticam, dizendo que ele colocou no cristianismo muitas ideias que não eram de Jesus.

As ideias de Paulo, no entanto, foram fundamentais para Lutero, por isso muitos protestantes o consideram o apóstolo mais importante. Além disso, existe mais uma razão: os católicos veem o papa como o sucessor de Pedro. Os evangélicos, como não aceitam o papa, desde o início do movimento da Reforma protestante, valorizam mais o papel de Paulo.

Mauro Magliani/Age Fotostock/Easypix Brasil

São Pedro e São Paulo, afresco do século XVI de Bernardino Luini.

O X DA QUESTÃO

1) O momento mais significativo na história de Paulo é quando ele se encontra com Jesus no caminho para Damasco. Os cristãos acreditam que foi mesmo o Cristo que apareceu ali para converter o inimigo do cristianismo em seu maior apóstolo. E você, acredita ou não nesse encontro? Por quê?

2) Na sua opinião, por que Paulo mudou depois desse encontro?

3) Primeiro eram judeus, depois romanos que perseguiam e matavam cristãos por suas ideias. Pelo que você viu até aqui, por que isso acontecia?

Reprodução/EMI

SESSÃO DE MÚSICA

Monte Castelo

Renato Russo. In: Legião Urbana. *As quatro estações*. Rio de Janeiro: EMI, 1989. Faixa 7.

Na letra desta canção há trechos de uma das epístolas de Paulo.

Ouçam e cantem em conjunto a música a seguir e reflita:

Qual trecho da letra reflete mais sua opinião sobre o que é o amor?

BEBENDO NA FONTE BÍBLICA

O amor segundo Paulo

Entre as páginas mais belas que Paulo escreveu está o capítulo 13 da Primeira Epístola aos Coríntios. Algumas Bíblias traduzem-na como "hino à caridade", outras, como "hino ao amor". Na *Tradução ecumênica da Bíblia*, usa-se "o amor fraterno".

Mesmo que eu fale em línguas, a dos homens e a dos anjos,
se me falta o amor, sou um metal que ressoa, um címbalo retumbante.
Mesmo que tenha o dom da profecia,
o saber de todos os mistérios e de todo o conhecimento,
mesmo que tenha a fé mais total, a que transporta montanhas,
se me falta o amor, nada sou.
Mesmo que distribua todos os meus bens aos famintos,
mesmo que entregue o meu corpo às chamas,
se me falta o amor,
nada lucro com isso.
O amor tem paciência, o amor é serviçal,
não é ciumento, não se pavoneia, não se incha de orgulho,
nada faz de inconveniente, não procura o próprio interesse,
não se irrita, não guarda rancor,
não se regozija com a injustiça,
mas encontra a sua alegria na verdade.
Ele tudo desculpa, tudo crê, tudo espera, tudo suporta.
O amor nunca desaparece. [...]
Agora, portanto, permanecem estas três coisas,
a fé, a esperança e o amor,
mas o amor é o maior.

1 Coríntios 13,1-13. *Bíblia:* tradução ecumênica. São Paulo: Edições Loyola, 1994. p. 2221-2222.

Címbalo: antigo instrumento de cordas.

Retumbante: que ecoa, ressoa com estrondo.

Não se pavoneia: não se exibe.

Não se regozija: não se alegra.

Iluminura bizantina de São Paulo segurando um pergaminho, século XI.

Album/Fotoarena/Biblioteca Nacional, Atenas, Grécia

O QUE VOCÊ ENTENDEU?

1) Para Paulo de Tarso, o amor é a coisa mais importante. Você concorda? Por quê?

2) Que relação você vê entre ter amor e não se alegrar com a injustiça?

DE OLHO NO BRASIL

O fenômeno evangélico

Nos últimos trinta anos, a religião que mais tem crescido no Brasil é um determinado tipo de protestantismo: o dos evangélicos pentecostais. Fundação de novas igrejas, inúmeros programas de rádio e de televisão e vários deputados eleitos são alguns dados que revelam o aumento do pentecostalismo entre nós. Hoje os evangélicos estão explorando cada vez mais a ligação entre religião e poder político, pois o número de grupos políticos evangélicos tem crescido. Já há frentes parlamentares evangélicas organizadas em 15 dos 26 estados brasileiros.

O culto pentecostal é diferente dos demais cultos protestantes: acredita-se que o Espírito Santo se manifesta, fazendo com que os crentes falem em línguas, curem doenças e expulsem os demônios. O pastor prega, os fiéis oram em voz alta ao mesmo tempo, cantam e gritam o nome de Jesus. No protestantismo tradicional, nada disso acontece: o culto é feito apenas com orações e hinos coletivos e a pregação do pastor.

Existem as igrejas pentecostais mais antigas – Assembleia de Deus, Congregação Cristã do Brasil, Igreja do Evangelho Quadrangular, Brasil para Cristo, por exemplo – e as neopentecostais, fundadas a partir de 1977 – como a Igreja Universal do Reino de Deus, a Igreja Internacional da Graça de Deus, Renascer em Cristo e muitas outras.

Em 2014, foi inaugurado o maior templo evangélico do Brasil, da Igreja Universal do Reino de Deus, em São Paulo. Uma obra arquitetônica suntuosa, que custou aproximadamente 680 milhões de reais para ser construída e que tem sido visitada por adeptos e turistas vindos de vários locais.

Fachada do Templo de Salomão, igreja neopentecostal, em 2016.

cifotart/Shutterstock

FALANDO DE REFORMA PROTESTANTE

Album/Fotoarena

Gravura de Jan Huss.

Martinho Lutero

Durante mais de mil anos, a Igreja católica teve muito poder. O papa mandava em reis e imperadores, e muita gente não estava satisfeita com isso. Também nessa época, havia a prática de venda de indulgências: acreditava-se que era possível obter a salvação da alma após a morte comprando, por exemplo, peças de roupas de santos, chamadas relíquias, ou pagando por missas caras.

Além disso, os cristãos não podiam ler a Bíblia, pois ela era escrita em latim, língua que não era conhecida do povo. Aliás, o povo não sabia ler nem escrever em língua nenhuma. Somente os homens da Igreja e alguns intelectuais conheciam o latim. Portanto, a ligação entre o ser humano e Deus ficava só nas mãos dos padres. As primeiras críticas a isso foram feitas pelo inglês John Wycliffe e pelo checo Jan Huss, que acabou queimado na fogueira em 1415. Mas um dos homens mais importantes desse movimento, conhecido como Reforma Protestante, foi Martinho Lutero.

Lutero, nascido na Alemanha, em 1483, era monge da Igreja católica, mas começou a achar que o cristianismo havia perdido sua essência. Em 31 de outubro de 1517, ele fixou em frente da Catedral de Wittenberg suas 95 teses (propostas), que dariam início à Reforma. Entre as ideias defendidas por Lutero, uma das principais dizia respeito à leitura direta da Bíblia. Ele a traduziu para o alemão e queria que fosse traduzida para todas as línguas (como é hoje em dia); assim, todos poderiam lê-la livremente. Também achava que os padres poderiam se casar, e ele mesmo se casou. Mais tarde, Lutero criticou a autoridade do papa, e é por isso que até hoje os protestantes não guardam obediência à maior autoridade da Igreja católica.

Paulo de Tarso foi um dos maiores inspiradores de Lutero. A ideia da justificação pela fé, importante no pensamento luterano, era baseada em Paulo: ele acreditava que o mais importante não eram as obras realizadas, mas a fé que brota do coração. Segundo Paulo, muitas obras podem ser feitas sem o coração, de maneira hipócrita

photolike/Shutterstock

Monumento em homenagem a Lutero, na Alemanha.

e mentirosa. Por isso, Deus julga considerando o fundo do coração. Assim, não bastam as obras: é preciso, antes de tudo, a sinceridade da fé.

Muitas discussões se deram entre a Igreja católica e as Igrejas protestantes, no decorrer dos séculos, a respeito da justificação pela fé. Somente no virar do século XX para o XXI, em 1999, o acordo se deu:

O Papa João Paulo II [saudou] ontem o acordo sobre a salvação por meio da fé, assinado pelas Igrejas Católica e Luterana. Durante as orações na Basílica de São Pedro, João Paulo II disse que o acordo é "um marco histórico no difícil caminho para a união dos católicos".

A Declaração Conjunta Sobre a Doutrina da Justificação foi assinada na Igreja de St. Anna, na cidade alemã de Augsburg. [...]

Participaram da cerimônia, representando as duas religiões, o cardeal Idris Cassidy, presidente do Pontifício Conselho para a Promoção da Unidade Cristã, e o bispo alemão Christian Krause, presidente da Federação Luterana Mundial.

***Divergência** – A salvação foi um dos principais pontos de divergência entre Lutero e a Igreja Católica. Os católicos acreditavam que para alcançar a salvação precisavam ter fé e praticar boas obras, conquistando, assim, "pontos no céu". Os luteranos diziam que a salvação só depende da fé e Deus não exige pagamentos em troca e concede a salvação gratuitamente.*

A partir de 31 de outubro de 1999, ambas as religiões passaram a concordar com a tese de que a salvação se dá por meio da fé, mas as boas obras contribuem para a afirmação dessa fé.

[...]

PAPA elogia acordo entre católicos e luteranos. Disponível em: <www.adventistas.com/dezembro/doc1112998.htm>. Acesso em: 1º mar. 2018.

Alamy/Fotoarena

A porta da igreja de Wittenberg com as 95 teses de Martinho Lutero gravadas, em 2016.

FALANDO DE EDUCAÇÃO

O cristianismo como obra de educação

A divulgação do cristianismo iniciada por Paulo provocou uma grande transformação no mundo – segundo alguns historiadores, a mais importante da história do Ocidente.

Uma dessas mudanças refere-se às crianças. Na época de Jesus, ninguém lhes dava importância. Em Roma, a população chegava até a vendê-las. Em sociedades antigas, como a romana ou a grega, as crianças eram severamente castigadas para aprenderem as lições, e os governantes não viam com bons olhos a educação das crianças do povo.

Jesus, porém, gostava muito das crianças. Dizia que quem quisesse ser feliz deveria ser igual a elas e ensinou ao mundo que devemos amá-las. Um dos primeiros filósofos do cristianismo, Orígenes, dizia que devemos entender Cristo como um pedagogo (educador) ou um grande mestre, que veio trazer uma proposta de educação para a humanidade.

Muitos pesquisadores reconhecem que a educação proposta pelo cristianismo marca a separação entre a maneira de educar pelo castigo e uma nova forma, baseada no amor. O velho sistema de castigos físicos para aprender devia ceder lugar a uma educação do cuidado particular e afetuoso com as crianças. E mais: a educação cristã não era para poucas crianças, como a egípcia, a romana ou a grega, mas para todas.

Estátua de Jesus com crianças.

Alamy/Fotoarena

Isso não quer dizer que, na história do cristianismo, os educadores não tenham assumido de novo a postura de castigos físicos para as crianças. Por exemplo, no Brasil, onde moravam os povos indígenas, das mais diversas culturas, não se tinha o hábito de bater nelas. Mas, com a chegada dos padres jesuítas, no século XVI, o modelo da palmatória foi implantado.

Porém, na história do Ocidente, muitos religiosos e educadores inspiraram-se no cristianismo para lutar por uma educação para todos e baseada no amor. Para eles, as palavras de Cristo – "ide e ensinai todos os povos" – e sua mensagem de valorização da infância foram de enorme inspiração. Martinho Lutero, por exemplo, queria que todas as crianças fossem à escola. Em diversos discursos, pediu a todos os governantes que educassem os jovens desamparados. Um dos continuadores de Lutero, Melanchton, foi chamado de "educador da Alemanha", pois trabalhou a vida toda para que as crianças tivessem educação. Ele criou diversas escolas por todo o território alemão.

Nos séculos XVIII, XIX e XX, outros educadores com inspiração cristã propuseram uma educação sem nenhum tipo de castigo físico: entre outros, Jean-Jacques Rousseau (1712-1778), Johann Heinrich Pestalozzi (1746-1827) e Maria Montessori (1870-1952). No século XX, no Brasil, tivemos um grande educador, Paulo Freire (1921-1997), também com grande influência de uma visão cristã, que se opôs a qualquer tipo de opressão e autoritarismo na educação.

NO DIA A DIA

Regina estuda numa escola particular e, conversando com uma pessoa que faz a limpeza, verificou que ela mal sabe escrever. Ficou muito pensativa diante dessa questão: por que estamos numa escola, um lugar onde se ensinam crianças, e há adultos que não sabem ler? Não seria dever do Estado garantir que todos tivessem acesso à educação? Se o Estado não cumpre o seu papel, o que podemos fazer, além de pressionar? A comunidade escolar não poderia assumir o compromisso de fazer, por exemplo, alfabetização de adultos gratuitamente?

Pense nisto: De que maneira você poderia aplicar essa ideia de que ensinar e educar é uma coisa boa e necessária numa situação como a vivida por Regina?

SESSÃO DE LEITURA

De Saulo a Paulo

Dora Incontri. Bragança Paulista: Editora Comenius, 2014.

Neste livro, a história do apóstolo Paulo é narrada em versos.

Leia o livro indicado e faça o que se pede:

Crie um poema ou um pequeno parágrafo que resuma a vida de Paulo de Tarso.

Reprodução/Editora Comenius

E PARA TERMINAR

1) Procure ouvir esta canção de Gilberto Gil e leia com atenção o que diz a letra:

Andar com fé

ml1413/Shutterstock

Andá com fé eu vou
Que a fé não costuma faiá
Andá com fé eu vou
Que a fé não costuma faiá

Que a fé tá na mulher
A fé tá na cobra-coral
Ô-ô
Num pedaço de pão
A fé tá na maré
Na lâmina de um punhal
Ô-ô
Na luz, na escuridão

[...]

A fé tá na manhã
A fé tá no anoitecer
Ô-ô
No calor do verão
A fé tá viva e sã
A fé também tá pra morrer
Ô-ô
Triste na solidão

[...]

Certo ou errado até
A fé vai onde quer que eu vá
Ô-ô
A pé ou de avião
Mesmo a quem não tem fé
A fé costuma acompanhar
Ô-ô
Pelo sim, pelo não

GIL, Gilberto. Andar com fé. In: ____. *Um banda um*. [s.l.]: Warner Music, 1982. 1 CD. Faixa 6.

a) Qual é a ideia principal dessa canção de Gilberto Gil?

b) Essa visão da fé combina com a visão cristã? Por quê?

c) Depois de conhecer este capítulo e a canção de Gilberto Gil, como você define a fé?

2) Elabore um texto contando à sua maneira a história de Paulo e comentando a importância dele para o cristianismo.

> “[...] Em verdade vos digo: se tiverdes fé do tamanho de um grão de mostarda, direis a esta montanha: 'Vai daqui para lá', e ela irá. Nada vos será impossível.”
>
> **Jesus.**
>
> In: Mateus 17,20. *Bíblia Sagrada*. Tradução da CNBB. 8. ed. Brasília: Edições CNBB; São Paulo: Editora Canção Nova, [s.d.]. p. 1223.

Oração durante o ramadã. Jerusalém, 2017.

11 Em nome de Alá

Ser submisso a Deus

O islamismo é a segunda maior religião do mundo e seu número de adeptos vem aumentando a cada dia. O que você talvez não saiba é que é uma religião muito próxima do cristianismo e do judaísmo.

"Islã" quer dizer "submissão à palavra de Deus" e foi o profeta Maomé quem fundou o islamismo, que pretende convocar as pessoas a se submeterem à lei de Deus. Antes de receber a revelação divina, em 610 d.C., o profeta (cujo nome em árabe é Muhammad, que significa "digno de louvor") passou por longos períodos de retiro e meditação em cavernas e outros lugares isolados.

Os grandes princípios islâmicos estão no livro sagrado Alcorão (ou Corão), revelado ao profeta trecho por trecho, ao longo de 23 anos. Para milhões de pessoas que seguem o islamismo, os princípios transmitidos pelo profeta Maomé representam o guia que conduz ao caminho certo.

Ramazan Turgut/Anadolu Agency/Getty Images

Peregrinos reunidos em ritual religioso durante o mês do ramadã na Grande Mesquita em Meca, Arábia Saudita, em 2017.

O profeta de Deus

Maomé nasceu em Meca, entre 567 e 572 d.C., e pertencia à tribo Quraich (dos coraixitas), uma das mais importantes da Arábia. Ficou órfão muito cedo. Dedicou-se ao comércio, e sua honra e fidelidade lhe valeram o título de "o digno de confiança". Com 25 anos, Maomé passou a cuidar dos negócios de uma viúva muito rica, bem mais velha do que ele, chamada Khadija, com quem viria a se casar. Khadija teve grande importância na vida do profeta, pois foi ela quem o incentivou em sua vocação religiosa.

Desde os tempos antigos, a cidade de Meca era um centro religioso. A influência judaico-cristã presente na região não havia modificado o culto aos vários deuses; assim, o politeísmo predominava entre a população. Existia um vago conhecimento sobre um Deus superior – a quem chamavam Alá.

Maomé iniciou sua missão profética no ano de 610. Conta-se que, durante uma de suas meditações na Gruta de Hira, o anjo Gabriel veio até ele segurando um livro e ordenou-lhe que pregasse em nome do Senhor, que criou o ser humano. Maomé deixou a caverna em direção à sua casa, mas novamente ouviu aquela voz celeste lhe dizer: "Ó Maomé! Tu és o Apóstolo de Alá e eu sou Gabriel".

Após outra visão, em 612, Maomé começou a pregar o poder e a misericórdia de Deus. Falava sobre a bondade extrema do Criador e ensinava que tudo pode desaparecer, menos o Senhor. Pedia aos homens que levassem a sério sua responsabilidade moral e cuidassem dos órfãos e dos pobres, caso contrário Deus iria julgá-los segundo a sua justiça. O Deus que Maomé revelava era único e rigoroso em sua justiça. Esse Deus estava em desacordo com a crença politeísta dos árabes.

Album/Fotoarena

A Anunciação para Maomé.

Politeísmo: crença em vários deuses.

Outro tema da pregação de Maomé é a ressurreição dos mortos e o Juízo Final. Segundo ele, haverá um dia terrível para os descrentes. Nesse dia, quem tiver seguido os ensinamentos do Senhor o encontrará e será julgado com brandura, mas aquele que tiver renegado seus ensinamentos atrairá destruição e arderá numa fogueira. Por trás do céu, surgirá o trono de Deus, sustentado por anjos e rodeado por tropas celestes. As pessoas serão reunidas diante do trono: as boas à direita, as más à esquerda.

Começará então o Juízo. Os profetas serão convocados a prestar testemunho de que haviam proclamado o monoteísmo e advertido a humanidade. Os incrédulos serão condenados às torturas do inferno. No paraíso, alegrias esperam os fiéis: Maomé o descreve como um lugar de belos riachos, árvores carregadas de frutas, alimento em abundância, jovens que servem deliciosas bebidas em taças.

ullstein bild/Getty Images

Representação do profeta Maomé ditando o Alcorão.

O profeta falava ainda de Maria e de Jesus com grande veneração, mas negava que Cristo fosse Deus. Achava que nem o judaísmo nem o cristianismo haviam conseguido manter a pureza original. Por isso, Deus enviou seu último mensageiro e o Islã está destinado a suceder o cristianismo, assim como este sucedeu o judaísmo. Entretanto, o islamismo reconhece Jesus e os profetas judeus como fonte de ensinamentos e objeto de respeito e veneração.

Cresce o islamismo

Fine Art Images/Heritage Images/Getty Images

Ilustração do século XVII representando o profeta Maomé rezando em Kaaba.

Ao ouvir as revelações de Maomé, os habitantes de Meca zombavam dele e o perseguiam. Mesmo assim, pouco a pouco, o número de seus seguidores crescia. Nos momentos difíceis, em que ninguém queria ouvi-lo, dirigia sempre uma prece a Deus. Uma de suas belas preces dizia:

> *Ó Deus meu! Lamento a insuficiência de minhas forças, a minha falta de engenhosidade, a minha insignificância aos olhos do povo. Tu és o mais misericordioso dos misericordiosos. Tu és o Senhor dos fracos. A quem vais me confiar? Ao inimigo sem compaixão que me olha com desdém ou ao amigo íntimo a quem terás instruído sobre o meu destino? Não tenho a mínima apreensão, só penso na Tua proteção. É na luz de Teu semblante que procuro refúgio, nessa luz que ilumina os céus, que dissipa as trevas e que conduz todos os atos deste mundo e do outro. Oxalá nunca incorra na Tua cólera ou no Teu desagrado. Não encontro forças nem poder a não ser em Ti.*

MAOMÉ. In: ALI, Mohammed. *O pensamento vivo de Maomé*. São Paulo: Martins Fontes, 1967. p. 20.

A perseguição a Maomé e a seus fiéis tornava-se cada vez mais cruel e implacável. Os muçulmanos já não podiam se reunir nem orar em público. Aqueles que se convertiam à religião de Maomé eram torturados. Diante dessa situação, em 622, os fiéis começaram a abandonar Meca em direção a Yathrib, que depois foi chamada de Medina. A travessia do deserto durou nove dias. A emigração, ou a *hégira*, foi concluída com sucesso.

Maomé e seus fiéis, nos anos seguintes, participaram de várias guerras religiosas e nessas conquistas e lutas muitos foram os convertidos ao Islã. Em 631, Maomé teve uma nova revelação e proclamou guerra total contra o politeísmo. Como que levado por um pressentimento, Maomé dirigiu-se a Meca no período de fevereiro e março de 632. Foi a sua última peregrinação. Ao voltar a Medina, nos últimos dias de maio, o profeta caiu doente e morreu em 8 de julho, abraçado por Aisha, sua esposa favorita.

Peregrinação: visita a algum lugar sagrado. No caso dos muçulmanos, a peregrinação a Meca é um dever e constitui um dos cinco pilares da fé.

Desde essa época, os muçulmanos aceitavam a guerra santa – o *jihad* –, desde que fosse contra os pagãos e para a vitória do monoteísmo. Para Maomé e seus seguidores, a guerra permaneceria no mundo até a conversão de todos ao monoteísmo.

Expansão islâmica desde a época de Maomé (séculos VII–VIII)

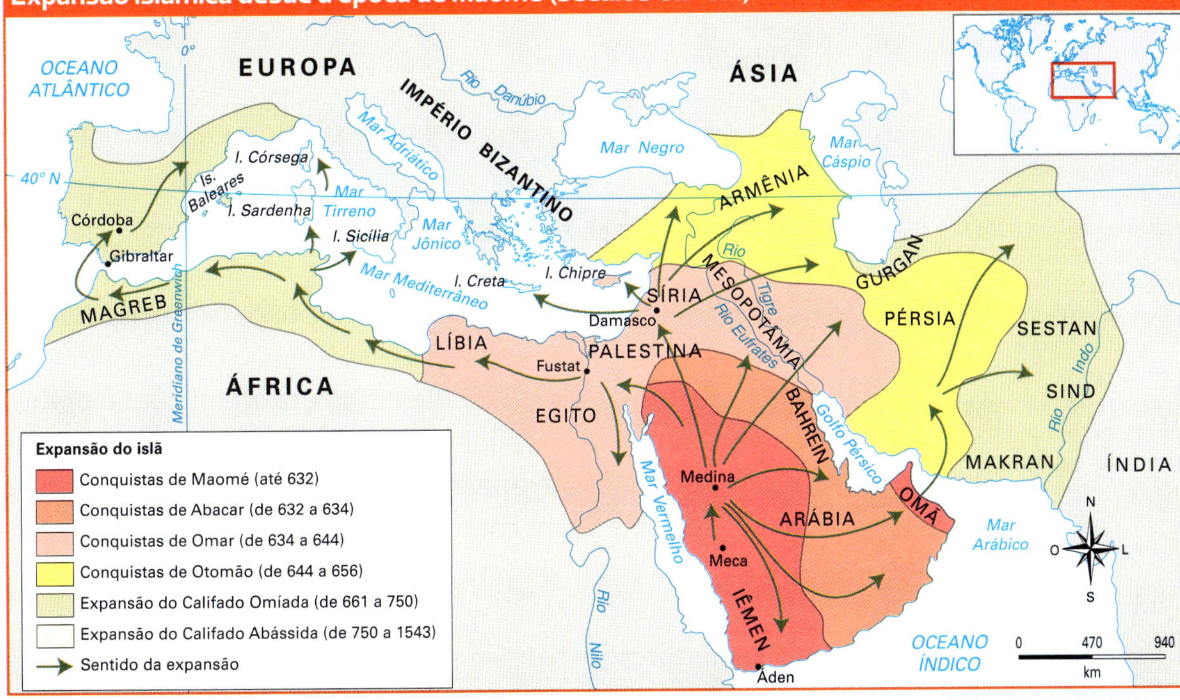

Banco de imagens/Arquivo da editora

Fontes: elaborado com base em *Atlas da história do mundo*. São Paulo: Folha da Manhã, 1995. p. 104-105; OVERY, Richard. *A história completa do mundo*. Rio de Janeiro: Reader's Digest, 2009. p. 112-113.

SESSÃO DE CINEMA

Maomé, o mensageiro de Alá

Direção de Moustafá Akkad. Estúdios Trancas International Films, 1976.

Conta a história de Maomé, mostrando o início do islamismo entre o povo árabe.

Procure assistir ao filme indicado pensando sobre esta questão:

Que valores novos e positivos Maomé trouxe para o povo árabe de sua época?

Reprodução/Moustapha Akkad/ Continental Filmes

Os pilares da fé islâmica

Zakat: constitui um dos cinco pilares da fé islâmica. Todo muçulmano que possuir bens acima de um determinado valor obriga-se ao *zakat*: doações aos necessitados. Trata-se de um dever da fé, estabelecido no Alcorão, e que jamais pode ser cancelado.

Ramadã: mês de jejum para os muçulmanos. Constitui um dos cinco pilares da fé islâmica. Maomé prescreveu abstenção de qualquer alimento desde o amanhecer até o pôr do sol, e o não cumprimento do jejum é considerado falta muito grave, antigamente punida com a morte. Nos países muçulmanos, o ramadã é marcado por uma grande diferença no ritmo de vida do dia e da noite: à noite, a população compensa as privações do dia e as mesquitas permanecem abertas, sendo muito visitadas pelos fiéis.

O islamismo tem cinco pontos que servem como sustentação a seus seguidores, os muçulmanos: a fé, a oração, o jejum, o *zakat* e a peregrinação.

- A *fé* está num só Deus e no seu profeta.
- A *oração* é dirigida a Deus, como louvor e agradecimento, entrega e pedido.
- O *jejum* deve ser praticado todos os dias no ramadã, desde o alvorecer até o pôr do sol.
- O *zakat* é a parte dos ganhos que cada fiel deve destinar para ajudar os pobres.
- A *peregrinação* é a jornada que todo muçulmano deve fazer anualmente à cidade sagrada de Meca (se tiver dinheiro e saúde para isso).

A mulher no islã

Uma das maiores críticas ao islamismo por parte de não muçulmanos refere-se à situação da mulher.

Um dos costumes da sociedade árabe era a poligamia, prática segundo a qual um homem poderia se casar e manter como esposas várias mulheres simultaneamente. Até os 25 anos, Maomé não teve mulheres. Casou-se e viveu com sua bem-amada Khadija até os 50 anos, fiel apenas a ela. Após a morte de Khadija, casou-se com diversas mulheres.

Seus seguidores justificam sua atitude dizendo que ele o fez porque, como estavam em guerra com povos vizinhos e muitas mulheres ficaram viúvas, ele se casou com elas para protegê-las. Apenas uma dessas mulheres era solteira, Aisha, que foi considerada a que Maomé amou. Depois de terminada a guerra, ele não desposou mais ninguém. Entretanto, a prática da poligamia ainda hoje é aceita entre os muçulmanos.

Em diversos trechos do Alcorão, diz-se que o homem deve tratar bem as mulheres, ser doce e afetivo com elas. Por outro lado, o islamismo prega a submissão total da mulher ao homem e a necessidade de a mulher andar coberta dos pés à cabeça. Em alguns países muçulmanos atuais, mais rígidos – como o Irã e o Afeganistão, que até pouco tempo atrás vivia sob o regime do Talibã, grupo radical islâmico –, a mulher deve cobrir o rosto inteiro e não pode trabalhar fora.

Maskot/Getty Images

Mulheres muçulmanas usando o *hijab*, véu islâmico.

Há hoje em diversos países muçulmanos, e mesmo fora deles, um movimento de mulheres feministas islâmicas que defendem os direitos das mulheres e se apoiam no próprio Alcorão para mostrar que a opressão machista é um problema político, e não religioso. Para elas, o Alcorão não ensina a oprimir as mulheres, mas a respeitá-las. A opressão das mulheres não é coisa só de islâmicos; ela ocorre também entre judeus, cristãos, hindus e até mesmo entre os ateus.

O X DA QUESTÃO

1) Você acredita que devemos, como Maomé fazia, orar a Deus nos momentos difíceis de nossa vida? Por quê?

2) Na sua opinião, é necessário retirar-se numa caverna solitária para meditar ou a meditação pode ocorrer em qualquer lugar? Por quê?

3) Você consegue identificar pelo menos três ideias que são comuns a cristãos e muçulmanos?

BEBENDO NA FONTE ISLÂMICA

O Alcorão

O Alcorão tem grande importância em todo o mundo, pois é considerado por todos os muçulmanos como a palavra textual de Deus e representa, para muitos países, a Constituição e a lei civil, penal e moral. Muitos o consideram uma obra-prima da literatura árabe.

Foi o terceiro sucessor de Maomé, o general Umar, que reuniu os ensinamentos deixados pelo profeta e mandou organizar o livro que chegou até nós. O Alcorão é dividido em 114 suratas ou suras (capítulos), subdivididas em versículos, num total de 6 236. Ele não foi escrito pelo profeta: foi revelado a ele trecho por trecho.

Vamos conhecer algumas passagens do Alcorão:

Ann Ronan Pictures/Print Collector/Getty Images

Páginas de edição do Alcorão de 1838.

A boa ação e a má ação não são iguais. Repele o mal da melhor maneira e verás aquele que era teu inimigo agir como se fosse teu amigo leal.

O Alcorão: livro sagrado do islã. 41:34. Tradução de Mansour Challita. 12. ed. Rio de Janeiro: BestBolso, 2017. p. 374.

Os que descreem e desviam os outros do caminho de Deus, Deus reduz-lhes as ações a nada.

E os que creem e praticam o bem e acreditam no que foi revelado a Muhamad – e aí está a verdade enviada pelo Senhor – Ele lhes perdoará os pecados e melhorar-lhes-á as condições.

O Alcorão: livro sagrado do islã. 47:1-2. Tradução de Mansour Challita. 12. ed. Rio de Janeiro: BestBolso, 2017. p. 395-396.

São realmente crentes os que creem em Deus e em Seu Mensageiro, que não duvidam e que lutam, com sua vida e suas posses, pela causa de Deus. São eles os verdadeiros crentes.

O Alcorão: livro sagrado do islã. 49:15. Tradução de Mansour Challita. 12. ed. Rio de Janeiro: BestBolso, 2017. p. 403.

Não reparaste que Deus sabe o que está nos céus e na terra? Não há colóquio secreto entre três sem que Ele seja o quarto, [...] Deus toma conhecimento de tudo.

O Alcorão: livro sagrado do islã. 58:7. Tradução de Mansour Challita. 12. ed. Rio de Janeiro: BestBolso, 2017. p. 427.

Assim, quando a trombeta soar uma só vez,
E a terra e as montanhas forem erguidas e, depois, esmagadas de um só golpe,
Naquele dia, será a Ressurreição.

O Alcorão: livro sagrado do islã. 69:13-15. Tradução de Mansour Challita. 12. ed. Rio de Janeiro: BestBolso, 2017. p. 447.

O dia do Julgamento será um dia predeterminado.
Quando a trombeta soar, todos acorrereis em grupos.
E as portas do céu se abrirão,
E as montanhas andarão, feitas miragens.

O Alcorão: livro sagrado do islã. 78:17-20. Tradução de Mansour Challita. 12. ed. Rio de Janeiro: BestBolso, 2017. p. 463.

O QUE VOCÊ ENTENDEU?

Selecione os trechos do Alcorão que mais o sensibilizaram e explique por quê.

FALANDO DE TEOLOGIA

O que é sufismo?

O sufismo constitui uma das mais importantes tradições do islamismo. A palavra "sufi" pode ter diversos significados, mas o mais aceito entre os estudiosos é que ela deriva de *Sûf*, "lã", porque os sufis, ou sufistas, usavam um manto de lã.

Os iniciadores do sufismo já se achavam entre os companheiros de Maomé. Um deles era Salmâm al-Fârîsi, barbeiro persa que habitava a casa do profeta e que se tornou um modelo espiritual. Depois da morte de Maomé, muitos fiéis se mostraram insatisfeitos com a indiferença religiosa dos califas, pois estes se preocupavam somente com a expansão do império. Foram esses fiéis insatisfeitos que iniciaram o sufismo.

Os sufistas viviam como eremitas e eram extremamente pobres. Segundo eles, são estes os meios para atingirmos a salvação: a pobreza, a meditação, a fortaleza, a renúncia e as boas ações. Exaltavam a fraternidade entre todos os seres humanos e o amor como lei suprema. Entendiam que todas as coisas são formadas de vibrações e que o Universo é uma maravilhosa melodia. Por isso, para eles a música tem muita importância.

Uma figura importante do sufismo foi a escrava Râbia, que introduziu no sufismo a ideia do amor desinteressado e absoluto em Deus. Segundo ela, nossa relação com Deus deve ser de extremo amor; a prece nada mais é que um diálogo amoroso com o Senhor. Outro grande mestre sufi foi Al-Hallâj, que acabou sendo morto por causa de suas ideias. Isso fez com que os sufis ficassem cada vez mais fechados e comunicassem suas ideias apenas a discípulos considerados dignos de fé.

Califas: soberanos muçulmanos. Também é o nome dado ao sucessor de Maomé, como guia ou líder espiritual da comunidade islâmica.

Eremitas: em diversas correntes religiosas, os que se retiram da vida mundana e passam a viver isolados, em oração e penitência, procurando o contato com Deus.

Egon Boemsch/Getty Images

Dançarinos sufi, na Turquia.

AGORA É COM VOCÊ

Quais são as formas de diálogo com Deus que você conhece? Qual é a forma que você utiliza para seu diálogo com Deus?

NO DIA A DIA

Na escola em que Rodrigo estuda, entraram dois alunos novos, que são muçulmanos. Algumas crianças começaram a fazer *bullying* com eles, por causa do que acreditam e por se comportarem de maneira diferente da maioria dos estudantes.

Pense nisso: o que Rodrigo poderia fazer nessa situação?

BEBENDO NA FONTE SUFISTA

O mestre sufi Al-Hallâj

Al-Hallâj nasceu em 857, no Irã, e foi um dos maiores sufis de todos os tempos. Suas primeiras pregações públicas foram rejeitadas pelos muçulmanos tradicionalistas e pelos próprios sufis, que o criticavam por revelar segredos ao povo. É que o sufismo era transmitido apenas para os iniciados e não era divulgado publicamente. Mas Al-Hallâj rompeu com isso.

Iniciados: aqueles que são admitidos em uma sociedade ou comunidade religiosa fechada, geralmente depois de um período de aprendizagem e provas.

Depois de viajar para a Índia e a China, Al-Hallâj foi morar em Bagdá e dedicou-se à pregação, ensinando que o fim de todo ser humano é a união com Deus, por meio do amor. Por causa de suas mensagens ao povo, atraiu muitos inimigos: os doutores da lei, os políticos e os próprios sufis. Em 915, foi preso e passou vários anos na cadeia. Em 922, foi executado, mas, depois de sua morte, o conhecimento de sua figura cresceu em todo o mundo muçulmano.

O que resta da obra de Al-Hallâj são algumas cartas, fragmentos e poemas. Em sua poesia, ele mostra imensa vontade de união com o Criador. Veja este poema:

Tenho um bem-amado que visito na solidão
Presente e ausente aos olhos,
Não me vês escutá-Lo com o ouvido,
Para compreender as palavras que diz.
Palavras sem forma e sem pronúncia
[...]

AL-HALLÂJ, Hussein Mansour. *Poèmes mystiques*. Paris: Sindbab, [s.d.]. p. 35. Tradução dos autores.

Album/Fotoarena/Biblioteca Britânica, Londres, Inglaterra.

O enforcamento de Al-Hallâj em representação persa.

Deus seja testemunha! Que nenhum sol se levante ou se deite
Sem que teu amor esteja unido ao meu hálito
E que eu não me isole para conversar com alguém
Sem que tu sejas minha conversa...
E que triste ou alegre, eu te invoque,
Sem que estejas em meu coração entre minhas dúvidas,
E que de sede não me apresse a beber água
Sem que veja uma imagem tua em minha taça!
Ah! Se eu pudesse, iria a ti,
Correndo sobre o rosto e andando sobre a cabeça!

AL-HALLÂJ, Hussein Mansour. *Poèmes mystiques*. Paris: Sindbab, [s.d.]. p. 57. Tradução dos autores.

AGORA É COM VOCÊ

Que sentimentos a leitura dos dois poemas de Al-Hallâj provocou? Faça um desenho para representar esses sentimentos. Para manter-se fiel ao espírito do Islamismo, procure fazer arte abstrata, pois uma das principais ideias dessa religião é que não se pode representar Deus por meio de formas.

Arte abstrata: tipo de arte em que o artista não faz uma representação fiel da realidade. Em vez disso, utiliza as formas e as cores de maneira livre, de modo a exprimir seus sentimentos e emoções sem o compromisso de relacioná-los a referências concretas do mundo exterior.

EU COMIGO

Muitos dizem que céu ou inferno são estados da alma. Mas os muçulmanos tradicionais acreditam que eles sejam estados reais. E você, o que pensa? Reflita sobre seu "estado de alma".

"Como me sinto? Com um pouco de céu ou um pouco de inferno dentro de mim? Por quê?"

DE OLHO NO MUNDO

As guerras religiosas

Às vezes, temos a impressão de que as guerras por motivos religiosos são praticadas somente por muçulmanos, pela ascensão de radicais extremistas. Esses radicais veem o chamado *jihad* (sua "guerra santa") como um meio de entrar no céu. Mas para a maioria dos muçulmanos não é assim.

Science Source/Photoresearchers/Latinstock

A conquista de Antioquia, cidade turca, pelos cruzados, no século XI.

Os jornais frequentemente trazem informações sobre massacres de homens, mulheres e crianças em nome da religião. Na Índia, por exemplo, muitas pessoas já foram assassinadas devido a divergências religiosas. Budistas já tiveram conflitos com hinduístas. Há também conflitos religiosos em países como a França, o Canadá, os Estados Unidos e a Inglaterra, assim como em diversos países africanos.

As guerras religiosas não são acontecimentos recentes: ocorrem há muitos séculos. Os antigos judeus consideravam Deus o Senhor dos Exércitos e guerreavam com outros povos da região. Durante as Cruzadas, nos séculos XII e XIII, os católicos lutaram contra aqueles que consideravam infiéis com o objetivo de conquistar a terra santa, atual Palestina, onde Jesus havia nascido e vivido. Depois, houve guerras entre católicos e protestantes nos séculos XV, XVI e XVII, quando morreram milhares de pessoas. Esse confronto continuou na Irlanda do Norte mesmo no século XX.

Muitas páginas poderiam ser escritas sobre isso, pois as lutas em nome da religião são muito antigas e já atingiram praticamente todas as religiões. E, na maioria das vezes, a religião não passa de um pretexto, porque o que se quer mesmo são riquezas, terras, poder.

Por outro lado, em todas as religiões sempre houve propostas de paz, por parte de pessoas que criticaram a violência e se esforçaram por promover tolerância, compaixão e bondade. Hoje, os povos tentam cada vez mais estimular diálogo e compreensão entre todos, embora nem sempre seus líderes ajam da mesma forma.

Cruzadas: expedições militares de caráter religioso realizadas durante a Idade Média (nos séculos XI a XIII) contra hereges ou infiéis. Tinham como objetivo conquistar ou defender os lugares santos (aqueles em que Cristo viveu e morreu).

AGORA É COM VOCÊ

Sob a orientação do professor, forme grupo com seus colegas e pesquisem sobre o islamismo nos dias de hoje. Procurem saber: como se distribui o islamismo no mundo? Em quais países há predomínio e em quais há minorias de muçulmanos? Depois, escolham um país, predominantemente muçulmano, e pesquisem sua cultura: música, literatura, alimentação, dança, etc. Por fim, montem painéis na sala com o resultado da pesquisa.

Quem trouxe o islamismo ao Brasil?

Pouca gente sabe, mas o islamismo chegou ao Brasil no início da colonização, com os africanos escravizados, capturados na Nigéria e trazidos nos navios negreiros.

Esses seguidores de Maomé, conhecidos como malês, além de serem os primeiros muçulmanos a chegar aqui, foram responsáveis por algumas das revoltas que marcaram a luta contra a escravidão no Brasil, no século XIX, culminando com a mais importante e organizada de todas, em 1835, na Bahia: a Guerra dos Malês.

Quando capturados, os negros revoltosos não eram mortos, ao contrário do que acontecia com os outros escravos: eram devolvidos à África. O motivo era o medo dos brancos de que os escravos mortos se tornassem mártires e aumentassem a fé e a força dos revoltosos. Depois da batalha de 1835, restaram poucos representantes dos malês, mas eles deixaram aqui as primeiras sementes da cultura muçulmana.

Sobre a atual presença do islamismo no Brasil, leia o seguinte texto:

Hoje, no Brasil, há cerca de 1 milhão de muçulmanos, distribuídos principalmente em São Paulo, Rio de Janeiro, Brasília, Curitiba, Rio Grande do Sul e Foz do Iguaçu. Existem no território nacional cerca de 100 mesquitas, 5 na cidade de São Paulo, sendo que a principal delas, a Mesquita Brasil, foi a primeira a ser construída no Brasil, em 1929.

A grande maioria da população muçulmana do Brasil descende de imigrantes Libaneses, Sírios, Palestinos e de outros países árabes, mas houve na história brasileira uma população islâmica particularmente ativa, que não deixou descendentes, mas criou um capítulo à parte na história do país: os MALÊS.

No final do século XVII, entre o contingente de escravos africanos trazidos ao Brasil, vieram sudaneses e berberes chamados "Mandingas". Eram povos guerreiros que [...] tinham costumes muito diferentes dos outros grupos de escravos, como descreve Arthur Ramos: usavam cavanhaques, tinham hábitos regulares e austeros e não se misturavam com os outros escravos. Junto, vieram professores e textos em que os ensinavam a ler textos estranhos, possivelmente o árabe, e lhes ensinavam que carregavam uma herança social que os levava a serem guerreiros em defesa da fé. Eram denominados de Malês, mas também eram conhecidos por Mucuim, Muxurimim, Muçulimi, Muçurumi. Totalmente monoteístas, não eram idólatras, usavam amuletos com versículos do Alcorão Sagrado, escritos em Árabe, e possuíam conselheiros ou juízes chamados de Alufas, a quem ouviam e respeitavam. [...]

INSTITUTO Gen Brasil. *Islamismo*. Disponível em: <www.brazilsite.com.br/>. Acesso em: 1º mar. 2018.

Cavanhaques: barbichas aparadas em ponta no queixo.
Regulares: pontuais, que se repetem.
Austeros: rígidos, severos.
Idólatras: que adoram ídolos.
Amuletos: talismãs, objetos usados para proteção.

Místico: em todas as religiões, é aquele que se dedica à contemplação e à oração, buscando unir-se à divindade.

Royal Photographic Society Collection/National Science and Media Museum/SSPL/Getty Images

O poeta Khalil Gibran, em foto de 1898.

E PARA TERMINAR

Gibran Khalil Gibran (1883-1931) foi um poeta, escritor e místico libanês que morreu nos Estados Unidos de tuberculose. Seu livro *O profeta* foi, desde seu lançamento, um sucesso internacional e é até hoje lido por diversas gerações.

No livro, Al-Mustafá, um profeta, responde às perguntas que lhe fazem. Leia o que diz ele:

> *E um velho sacerdote disse: "Fala-nos da religião."*
>
> *E ele disse:*
>
> *"Tenho eu falado de outra coisa hoje?*
>
> *Não é a religião todas as nossas ações e reflexões? E tudo o que não é ação nem reflexão, mas aquele espanto e aquela surpresa sempre brotando na alma, mesmo quando as mãos talham a pedra ou manejam o tear?*
>
> *Quem pode separar sua fé de suas ações, ou sua crença de seus afazeres?*
>
> *Quem pode espalhar suas horas perante si, dizendo: "Esta é para Deus, e essa é para mim; esta é para minha alma, e essa é para meu corpo?" [...] Vossa vida cotidiana é vosso templo e vossa religião.*
>
> *Todas as vezes que penetrardes nela, levai convosco todo o vosso ser."*

GIBRAN, Gibran Khalil. *O profeta*. Rio de Janeiro: Associação Cultural Internacional Gibran, 1980. p. 53-54.

1) Agora responda: Qual é a ideia principal de Gibran sobre a religião?

2) Segundo Gibran, a fé não se separa da ação. E para Maomé?

3) Explique com suas próprias palavras o que a religião significa para o seu dia a dia. Ela está presente ou distante? Tem algo a ver com seus atos diários ou não? Explique.

> Ao ver as multidões, Jesus subiu à montanha. Sentou-se, e seus discípulos aproximaram-se dele. E, tomando a palavra, ele os ensinava:
>
> [...] Felizes os que agem em prol da paz; eles serão chamados filhos de Deus.
>
> **Mateus 5,1-2.9.**
>
> *Bíblia:* tradução ecumênica. São Paulo: Edições Loyola, 1994. p. 1862-1863.

Cena da vida de São Francisco de Assis, ilustração do século XIII.

12

A poesia da natureza

O desafio de ser cristão

Muitos correm atrás de dinheiro e luxo, poder e fama. Pessoas e países querem ser ricos, nem que, para isso, tenham de empobrecer outros e acabar com o meio ambiente. Explora-se o ser humano e explora-se a natureza.

Exatamente na época em que, na Europa, começava essa busca por riquezas materiais e essa destruição ambiental, houve um cristão que adotou um estilo de vida diferente, lembrando que ser cristão é ter outros valores além dos materiais. Ele foi "irmão da natureza" e "esposo da pobreza". Foi Francisco, o santo de Assis.

Francisco era italiano e é um dos santos mais populares da Igreja católica. Mas ele também é popular fora do catolicismo: um grande biógrafo seu foi Paul Sabatier, um protestante.

Em plena Idade Média, a Igreja católica dominava a Europa e mantinha-se no poder, cercada de luxo. O exemplo de humildade de Jesus, pregando pelas estradas, ao lado de leprosos, miseráveis e sofredores, estava quase apagado da memória dos cristãos. Por outro lado, o povo quase não tinha contato com as palavras de Jesus, pois a missa era sempre rezada em latim; a Bíblia também permanecia nessa língua.

Nesse período, entre os anos 1000 e 1200, começaram a surgir movimentos que pretendiam recuperar o cristianismo puro, simples, mais próximo das pessoas. Dentre eles, foram importantes as heresias; seus defensores criticavam duramente a Igreja e foram por ela reprimidos. Dentro da própria Igreja católica, destacaram-se as ordens mendicantes e a ordem religiosa fundada por Francisco de Assis, figura impressionante que se tornou exemplo de paz e humildade.

Heresias: quaisquer ideias ou doutrinas que não seguem a doutrina oficial de uma Igreja.

Ordens mendicantes: ordens religiosas que vivem da caridade alheia.

Alamy/Fotoarena

Na Idade Média, a Igreja católica acumulava muita riqueza e luxo. Interior da Basílica de Santa Maria Maggiore, em Bérgamo, Itália.

A vida de Francisco

Francisco nasceu em uma família rica, em 1182. Seu pai, Pietro Bernardone, era um comerciante bem-sucedido na cidade de Assis. Conta-se que a mãe de Francisco era uma mulher doce e compreensiva e que o pai era um homem ambicioso e avarento. Nessa época, na Itália, começava a crescer a classe dos mercadores, que buscavam ganhar dinheiro por meio do comércio. Até então, a Europa tinha vivido predominantemente da agricultura. Era o período do feudalismo.

A princípio, Francisco era alegre e festivo: gostava de sair com os amigos, gastar dinheiro, vestir-se bem. Foi cavaleiro e participou de guerras entre cidades italianas. Era muito popular e amado pelas pessoas que o cercavam. Mas, um dia, veio uma crise existencial que iria mudar seu destino.

Feudalismo: sistema econômico e social da Idade Média que consistia numa sociedade agrícola, com classes sociais bem definidas: os senhores feudais (os donos da terra), os camponeses vassalos (que trabalhavam a terra) e o clero (os sacerdotes da Igreja católica).

Cavaleiro: membro de uma "ordem de cavalaria", instituição militar e religiosa da Idade Média, constituída por nobres, que tinha por missão combater os hereges.

Abalado com as guerras, Francisco passou a achar vazia a vida que levava. Seu pai esperava que ele voltasse famoso por seus feitos heroicos, mas Francisco o decepcionou voltando para casa mais cedo, adoentado e dizendo que Jesus havia conversado com ele.

Uma das frases que Francisco afirmava ter ouvido de Jesus era:

Reconstrói a minha igreja.

Na região em que Francisco morava, havia uma igrejinha em ruínas dedicada a São Damião. Francisco entendeu que era a ela que Jesus se referia e começou a trocar tecidos da loja de seu pai por pedras para reconstruí-la.

O pai de Francisco ficou furioso; achava aquilo uma loucura e sentiu-se roubado pelo filho. Então, arrastou-o até diante do bispo de Assis, acusou-o de ladrão e exigiu tudo de volta. Francisco, em praça pública, despiu-se de toda a roupa, juntou-a à bolsa de dinheiro que trazia e devolveu tudo ao pai:

Ouçam todos! Até hoje chamei Pietro Bernardone de meu pai. A partir de agora direi apenas meu Pai que está nos céus!

E assim Francisco passou a viver entre os mais pobres, vestido com uma túnica marrom e com um simples cordão para amarrá-la.

As atitudes de Francisco causaram escândalo na comunidade: ele esmolava pedras e reconstruía a igrejinha de São Damião

Alamy/Fotoarena

Estátua de bronze de São Francisco em frente à catedral que leva seu nome. Em Santa Fé, Novo México, Estados Unidos.

São Francisco de Assis pregando aos pássaros, de Giotto di Bondone (1266-1337).

com as próprias mãos, cuidava dos miseráveis, visitava os leprosos... Naqueles tempos, os leprosos (hoje dizemos portadores de hanseníase) viviam longe das cidades, em cavernas, e alimentavam-se do que os mais caridosos lhes mandavam entregar, mas sem deles se aproximar.

Francisco se ocupou dos mais rejeitados e desprotegidos, dando-lhes cuidados e carinho, mas não só deles. Seu amor se estendia igualmente à natureza, pois ele via em toda parte a presença de Deus, que tudo criou, e sentia intensa felicidade em louvar as belezas do Universo.

Conta-se que, certa vez, Francisco fez um sermão aos próprios pássaros. Em outra ocasião, havia um lobo feroz que assustava os moradores da cidade e Francisco o pacificou com uma simples carícia.

BEBENDO NA FONTE FRANCISCANA

O Cântico do Sol

Quando estava próximo da morte, Francisco sentiu-se ainda mais invadido por uma ternura imensa por todas as criaturas. Foi aí que compôs o seu *Cântico do Sol* (ou *Cântico do Irmão Sol*), o primeiro poema da literatura italiana:

Altíssimo, onipotente, bom Senhor,
Teus são o louvor, a glória, a honra
E toda a bênção.

Só a ti, Altíssimo, são devidos;
E homem algum é digno
De te mencionar.

Louvado sejas, meu Senhor,
Com todas as tuas criaturas,
Especialmente o senhor irmão Sol,
Que clareia o dia
E com sua luz nos alumia.

E ele é belo e radiante
Com grande esplendor:
De ti, Altíssimo, é a imagem.

Louvado sejas, meu Senhor,
Pela irmã Lua e as Estrelas,
Que no céu formaste claras
E preciosas e belas.

Onipotente: todo-poderoso.
Alumia: ilumina.

Louvado sejas, meu Senhor,
Pelo irmão Vento,
Pelo ar, ou nublado
Ou sereno, e todo o tempo,
Pelo qual às tuas criaturas dás sustento.

Louvado sejas, meu Senhor,
Pela irmã Água,
Que é mui útil e humilde
E preciosa e casta.

Louvado sejas, meu Senhor,
Pelo irmão Fogo
Pelo qual iluminas a noite.
E ele é belo e jucundo
E vigoroso e forte.

Louvado sejas, meu Senhor,
Por nossa irmã a mãe Terra,
Que nos sustenta e governa,
E produz frutos diversos
E coloridas flores e ervas.

Louvado sejas, meu Senhor,
Pelos que perdoam por teu amor,
E suportam enfermidades e tribulações.

Bem-aventurados os que as sustentam em paz,
Que por ti, Altíssimo, serão coroados.

Louvado sejas, meu Senhor,
Por nossa irmã a Morte corporal,
Da qual homem algum pode escapar.

Ai dos que morrerem em pecado mortal!
Felizes os que ela achar
Conformes à tua santíssima vontade,
Porque a morte segunda não lhes fará mal!

Louvai e bendizei a meu Senhor,
E dai-lhe graças,
E servi-o com grande humildade.

ASSIS, São Francisco de. In: SILVEIRA, Frei Ildefonso (Org.). *Escritos e biografias de São Francisco de Assis: crônicas e outros testemunhos do primeiro século franciscano.* 8. ed. Petrópolis: Vozes, 1997. p. 70-72.

Casta: pura.
Jucundo: alegre.

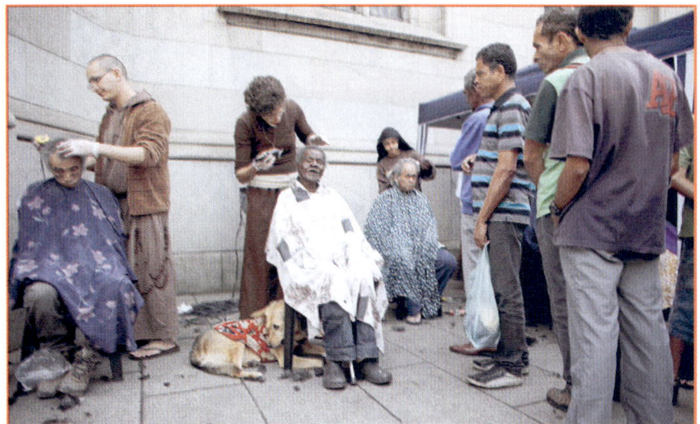

Nacho Doce/Reuters/Fotoarena

Legado de São Francisco de Assis, religiosos franciscanos, do grupo de fraternidade "O caminho", com moradores de rua.

De Agostini/Glow Images/Biblioteca Ambrosiana

Representação de São Francisco de Assis em meio à natureza, pintada por Francesco Bertolini (1836-1909).

EU COMIGO

"Agora é minha vez de escrever um 'Cântico de louvor a Deus', inspirado pelo cântico de Francisco."

São Francisco de Assis e Santa Clara em oração em frente à Porciúncula, de artista desconhecido, século XX.

Depositphoto/Glow Images

Os companheiros de Francisco

Os antigos amigos de festas e de guerras – Bernardo, Leão, Rufino, Ângelo – logo se comoveram com a vida de Francisco. Um a um, foram deixando seus bens e passando a viver pobremente a seu lado. Pregavam, pelas ruas, praças e estradas, o Evangelho de Jesus, mas em italiano, para que o povo entendesse.

Houve também uma jovem, muito doce e delicada, da nobreza de Assis, que quis fazer o mesmo: Clara. Alguns historiadores contam que, no começo, Clara e outras amigas viviam lado a lado com Francisco e seus amigos, ajudando os necessitados e os doentes.

Na época em que viveram Francisco e seus companheiros, a Igreja católica exercia grande controle sobre todas as manifestações religiosas: ou a pessoa era cristã de acordo com o que o papa e os bispos consideravam correto, ou era acusada de heresia. Por isso, Francisco foi aconselhado a pedir autorização ao papa – na época Inocêncio III – para prosseguir com seu modo de vida.

Bridgeman Images/Glow Images/Convento Santa Clara, Tordesilhas, Espanha

São Francisco sendo investido com seu hábito pelo papa Inocêncio III, do Mestre de Portillo (1490-1530).

A princípio, Inocêncio não deu a permissão a Francisco. Porém, depois, teve um sonho no qual viu a Igreja de São Pedro, sede do papado em Roma, ruir de alto a baixo. Então, um jovem humilde se aproximava e, só de encostar os ombros nas paredes, a igreja se reconstruía. Impressionado com as imagens do sonho, o papa deu-lhe sua autorização.

Com isso, a frase que Jesus dirigiu a Francisco passara a fazer sentido: quando o Mestre lhe disse "reconstrói a minha igreja", não falava de São Damião, mas da própria Igreja católica, que vinha enfrentando graves problemas de corrupção e disputa por poder.

O mensageiro da paz

Cenas de uma das oito Cruzadas, realizadas entre os séculos XI e XIII.

O papa Inocêncio III havia iniciado uma Cruzada, considerada uma "guerra santa", pois os cristãos lutavam contra os muçulmanos para conquistar as terras onde Jesus viveu. Na época, muitos – entre os quais o papa – consideravam justificável matar por motivos religiosos.

Francisco, diante dessa situação, agiu de modo muito diferente das pessoas de sua época: dirigiu-se a um dos acampamentos dos cruzados no Egito e lá ficou durante um ano tentando convencer o Cardeal Pelágio Galvanni, líder da Cruzada, a dar fim àquela guerra injusta.

Como isso de nada adiantou, decidiu visitar, contra a vontade do cardeal e em plena guerra, o lado dos muçulmanos. Foi recebido pelo próprio sultão, Malik al Kamil, o qual, ao que se conta, o acolheu em paz e o deixou partir são e salvo, certamente tocado pelo gesto amistoso de Francisco.

Francisco não conseguiu dar fim à guerra nem mudar a mentalidade da época, mas seu exemplo permanece para que haja diálogo e respeito entre as religiões.

A ordem franciscana

O movimento de Francisco começou a crescer. Em poucos anos, vieram milhares de pessoas de diversos países da Europa, atraídas pelo ideal de vida franciscano.

Francisco fundou uma ordem religiosa, e as mulheres do grupo, sob a liderança de Clara, fundaram outra (a das clarissas). Elas tinham de ficar reclusas, isto é, dentro do convento, pois na época as mulheres não podiam fazer as mesmas atividades que os homens, como cuidar dos doentes e ter liberdade de ir e vir.

Ordem religiosa: comunidade católica masculina ou feminina, com hierarquia própria, cujos membros fazem votos de pobreza, castidade e obediência.

Convento: no catolicismo, habitação de determinada comunidade religiosa. Caracteriza-se por um modo de vida que inclui os votos de pobreza, obediência e castidade.

Album/Fotoarena/Coleção particular

São Francisco em meio à natureza. Quadro do belga Abraham Govaerts (1589-1626), intitulado *Paisagem rochosa com São Francisco.*

A ordem fundada por Francisco foi chamada de "Ordem dos Frades Menores", pois ele desejava, ao lado dos irmãos, servir a todos com grande humildade e amor, sem nunca querer exercer poder sobre ninguém.

Como toda ordem religiosa precisa ter regras, Francisco as criou pensando apenas nas palavras de Jesus. Ele queria que os franciscanos não tivessem propriedades e vivessem somente do trabalho manual, sempre ajudando o próximo. Queria também que pudessem retirar-se às vezes para, em meio à natureza, louvar a Deus.

Desejava, ainda, que os franciscanos tivessem liberdade para pregar pelas estradas as ideias de Jesus e para desobedecer, caso algum superior lhes ordenasse algo contrário ao Evangelho. Enfim, seu ideal era formar um grupo de pessoas que vivesse o Evangelho em sua maior pureza.

Foi então que surgiram conflitos entre o que Francisco realmente queria e o que a Igreja aceitava. Além disso, havia dentro da própria ordem quem não concordasse com todas as regras criadas por ele. Assim, anos depois, essas regras, que haviam sido aprovadas pelo então papa Inocêncio III, foram alteradas pelos próprios membros da ordem e mais tarde aprovadas pelo novo papa, Honório III.

Deprimido com essas mudanças, Francisco retirou-se para os montes e passou muito tempo em oração, sentindo-se fracassado na missão que Jesus lhe confiara. Porém, conta-se, Jesus falou com ele e o consolou.

Francisco, então, conformado, viveu seus últimos anos com serenidade, sem voltar a dirigir a ordem que fundara. Morreu com cerca de 45 anos, em 1226. Dois anos depois, foi canonizado. Conta-se que, no momento de sua morte, um dos frades viu sua alma subir ao céu, brilhando como uma estrela.

O X DA QUESTÃO

1) O que você considera mais interessante na vida de Francisco?

2) O exemplo de Francisco pode servir para nós nos dias de hoje? De que maneira?

3) Se Francisco vivesse nos dias de hoje, por quais causas lutaria?

FALANDO DE HISTÓRIA

O inventor do presépio

Foi Francisco que, nos últimos tempos de sua vida, criou a ideia do presépio para comemorar o nascimento de Jesus. O historiador Jacques Le Goff conta esta história:

O primeiro episódio é o do Natal de 1223. Francisco atende ao convite de um daqueles nobres que ficaram impressionados com ele, Giovanni Velita, senhor de Grécio. Vai celebrar o Nascimento de Cristo em meio a grutas e eremitérios no alto de uma montanha escarpada. Pede a um amigo da montanha para reconstituir a manjedoura de Belém, de acordo com a inspiração de sua imaginação poética. "Quero lembrar a criança que nasceu em Belém e ver com meus olhos carnais as dificuldades de sua infância pobre, como ele dormiu na manjedoura, e como, entre o boi e o burro, deitaram-no sobre o feno." De todas as partes, na noite de Natal, homens e mulheres das vizinhanças sobem a montanha de Grécio com tantas velas e tochas que a noite ali ficou toda iluminada. Eles cantam, a floresta carrega suas vozes, os rochedos as repercutem. Celebra-se a missa. O santo de Deus está perto da manjedoura, canta o Evangelho, prega "com sua voz veemente, com sua voz doce, com sua voz clara, com sua voz sonora". Anuncia as recompensas eternas. Um homem entre os assistentes tem uma visão: subitamente vê o menino deitado na manjedoura e Francisco se debruçar sobre ele para acordá-lo. Grécio se tornou uma nova Belém. [...]

LE GOFF, Jacques. *São Francisco de Assis*. 10. ed. Rio de Janeiro: Record, 2011. p. 88-89.

G. Evangelista/Opção Brasil Imagens

Presépio feito de barro.

Eremitérios: locais onde vivem os eremitas, que se isolam da sociedade.

Escarpada: íngreme, difícil de subir.

O QUE VOCÊ ENTENDEU?

1) Na sua opinião, por que Francisco quis construir um presépio de Natal?

2) No texto, por que Jacques Le Goff diz que Grécio havia se transformado numa nova Belém?

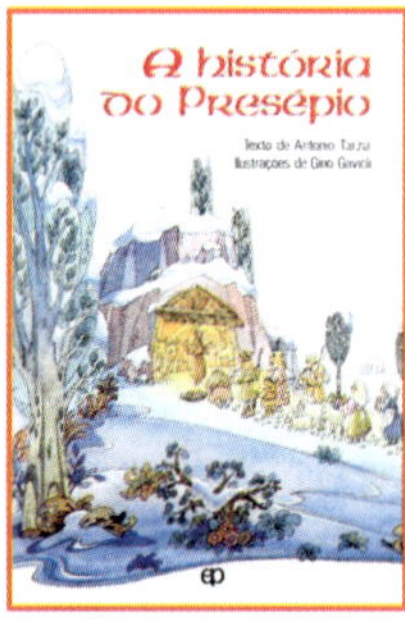

Reprodução/Edições Paulinas

Reprodução/Editora Comenius

SESSÃO DE LEITURA

A história do presépio

Antonio Tarzia. São Paulo: Edições Paulinas, 1994.

Conta como Francisco teve a ideia de criar o presépio de Grécio.

Francisco, o pobre rico de Assis

Dora Incontri. Bragança Paulista: Comenius, 2013.

Narração em versos da história de Francisco, com ilustrações muito sugestivas.

Procure ler os livros e responda às questões:

1) **O que você achou da ideia de Francisco de criar o presépio? Justifique.**
2) **Você acha que a vida de Francisco, vivida há mais de 800 anos, ainda tem algumas lições importantes para nós hoje em dia? Quais?**

FALANDO DE ECOLOGIA

Francisco, o patrono da Ecologia

O mundo vem tomando consciência de que é preciso cuidar do meio ambiente, senão a sobrevivência na Terra vai se tornar muito difícil. O que, entretanto, se opõe mais a essa intenção de cuidar da natureza e respeitar os ecossistemas? É justamente a sede de lucro. A vontade de ganhar muito dinheiro a qualquer custo, mesmo que seja destruindo a natureza ou prejudicando a humanidade, é a coisa mais comum hoje em dia.

Por que se caçam baleias nos mares, ameaçando de extinção diversas espécies? Por lucro. Por que se destrói uma floresta, arrancando as árvores para explorar a madeira? Porque replantar dá mais trabalho e mais gasto e o lucro vem mais devagar. Por que se polui um rio com produtos químicos que matam os peixes e envenenam o ser humano? Porque colocar filtros e canalizar o lixo químico é caro e o lucro diminui! Ou seja, destruição da natureza e vontade desmedida de lucro andam sempre juntas.

Francisco pode ser de muitas formas considerado o "pai da Ecologia" no Ocidente.

Primeiro: ele recomendava a pobreza... Isso significa que todos devemos dar tudo e virar miseráveis? Não necessariamente. Significa, por exemplo, não fazer nada que possa prejudicar o ser humano ou a natureza, apenas para ganhar dinheiro. Significa também, no mundo atual, ser menos consumista, pois tudo o que consumimos vira lixo e polui o planeta – e muito do que consumimos foi feito por meio da exploração do ser humano e da natureza. Significa, mais do que tudo isso, que devemos começar a exercer um controle sobre o que é produzido e comprar apenas o que foi feito sem prejudicar ninguém.

Segundo: para ele, o respeito à natureza está ligado à ideia de que toda ela é criação divina, por isso deve ser respeitada, amada, conservada. Se acabarmos com ela, cometeremos o crime de matar o que Deus nos deu de presente em beleza, em alimento para o corpo e para a alma. Os frutos da natureza alimentam o corpo, a sua beleza sensibiliza a alma.

Bruno Kelly/Reuters/Fotoarena

Floresta queimada no estado do Amazonas, em 2017.

Terceiro: renunciar ao excesso de bens materiais é natural para quem tem Deus no coração. A presença de Deus, seu amor e o amor ao próximo preenchem de tal alegria o coração, que não é mais preciso comprar e comprar e desejar dinheiro e mais dinheiro para preenchermos um vazio dentro de nós.

EU COMIGO

"O que eu posso fazer já, em minha vida, para ajudar a mudar tudo isso?"

Prakash Mathema/Agência France-Presse

Apenas com a colaboração das pessoas é que a natureza pode ser salva.

NO DIA A DIA

Carlos é um menino de 16 anos com alguns hábitos que desapontam as outras pessoas. Ele atormenta a mãe para comprar todas as novidades que aparecem. Só gosta de roupas caras e de marcas famosas e não se importa quando a mãe lhe diz que não tem dinheiro. Além disso, Carlos é muito displicente: joga lixo em qualquer lugar e não dá a mínima importância à limpeza e à conservação de sua casa e da escola. Mas... recentemente, ele leu a história de Francisco de Assis e ficou impressionado.

Pense nisto: Como o exemplo de Francisco pode influenciar o comportamento de Carlos?

DE OLHO NO MUNDO

Globalização da fome

Não é só a natureza que sofre por causa da ganância humana: as pessoas padecem por causa da ambição de outras pessoas. A miséria no mundo atinge proporções inimagináveis. O mundo está subdividido em "primeiro mundo", ou "países desenvolvidos"; e em "terceiro mundo", ou "países subdesenvolvidos". Os primeiros são poucos, mas ditam as regras do mundo inteiro, liderados pelo mais poderoso entre eles: os Estados Unidos.

O Banco Mundial e o Fundo Monetário Internacional (FMI) controlam a economia dos países chamados de terceiro mundo. Isso porque esses países, inclusive o Brasil, devem quantias enormes a essas instituições e pagam anualmente juros e mais juros sobre essa dívida. A dívida nunca acaba, porque apenas se pagam os juros e os países pobres vão ficando cada vez mais pobres e não conseguem acabar com a miséria de seu povo.

Azim Khan Ronnie/Pacific Press/LightRocket/Getty Images

Diante da difícil realidade da fome, as pessoas buscam meios para sobreviver, como vender resíduos recicláveis.

Leia o que diz este trecho de um artigo:

A fome volta a crescer no mundo, afirma novo relatório da ONU

815 milhões de pessoas sofrem com a fome e milhões de crianças estão ameaçadas de malnutrição; novo relatório da ONU mostra que a fome mundial voltou a crescer por consequência dos conflitos e das mudanças climáticas

Em declínio constante por mais de uma década, a fome no mundo voltou a crescer e afetou 815 milhões de pessoas em 2016, o que representa 11% da população mundial. Os dados são da nova edição do relatório anual da ONU sobre a segurança alimentar e nutricional [...]. Além disso, o estudo aponta que múltiplas formas de malnutrição ameaçam a saúde de milhões de pessoas.

Esse aumento – de mais 38 milhões de pessoas do que o ano anterior – se deve, em grande parte, à proliferação de conflitos violentos e mudanças climáticas, segundo explica o estudo O Estado da Segurança Alimentar e da Nutrição no Mundo 2017.

Conforme o estudo, cerca de 155 milhões de crianças menores de cinco anos sofrem com o atraso no crescimento (estatura baixa para a idade), enquanto 52 milhões estão com o peso abaixo do ideal para a estatura. Estima-se, ainda, que 41 milhões de crianças estejam com sobrepeso. A anemia entre as mulheres e a obesidade adulta também são motivos de preocupação. De acordo com o relatório, essas tendências são consequências não só dos conflitos e das mudanças climáticas, mas também das profundas alterações nos hábitos alimentares e das crises econômicas.

Essa é a primeira vez que a ONU realiza uma avaliação global sobre segurança alimentar e nutricional depois da adoção da Agenda 2030 para o Desenvolvimento Sustentável, cujo objetivo é acabar com a fome e com todas as formas de malnutrição até 2030, sendo essa uma das principais prioridades das políticas internacionais.

O documento aponta os conflitos – cada vez mais agravados pelas mudanças climáticas – como um dos principais motivos para o ressurgimento da fome e de muitas formas de malnutrição.

"Na última década, o número de conflitos tem aumentado de forma dramática e tornaram-se mais complexos e insolúveis pela natureza", afirmam os representantes da Organização das Nações Unidas para a Alimentação e a Agricultura (FAO), do Fundo Internacional de Desenvolvimento Agrícola (FIDA), do Fundo das Nações Unidas para a Infância (UNICEF), do Programa Mundial de Alimentos (PMA) e da Organização Mundial da Saúde (OMS), em prólogo conjunto publicado no relatório.

Os dirigentes da ONU dizem, ainda, que esse cenário não pode ser ignorado. "Não vamos acabar com a fome e com todas as formas de malnutrição até 2030, a menos que abordemos todos os fatores que prejudicam a segurança alimentar e a nutrição no mundo. Garantir sociedades pacíficas e inclusivas é uma condição necessária para atingirmos esse objetivo", asseguram.

Os especialistas indicam que, além da violência que sofrem algumas regiões, as secas ou inundações – ligadas em parte ao fenômeno El Niño –, assim como a desaceleração econômica mundial, também colaboraram para o agravamento mundial da segurança alimentar e da nutrição.

Principais dados

Fome e segurança alimentar

[...] *Porcentagem da população mundial vítima da fome: 11%*

– Ásia: 11,7%

– África: 20% (Na África Ocidental: 33,9%)

– América Latina e Caribe: 6,6%

Diferentes formas de desnutrição

– Crianças menores de 5 anos que sofrem com atraso no crescimento (estatura baixa para idade): 155 milhões.

– Desses, os que vivem em países afetados por distintos níveis de conflitos: 122 milhões.

– Crianças menores de 5 anos que estão com o peso abaixo do ideal para a estatura: 52 milhões.

– Número de adultos obesos: 641 milhões (13% do total de adultos do planeta).

– Crianças menores de 5 anos com sobrepeso: 41 milhões.

– Mulheres em idade reprodutiva afetadas por anemia: 613 milhões (cerca de 33% do total).

Impactos dos conflitos

– Dos 815 milhões de famintos do planeta, 489 milhões vivem em países afetados por conflitos.

– A prevalência de fome nos países afetados por conflitos é entre 1,4% e 4,4% maior que em outros países.

– No contexto de conflitos agravados pelas condições de fragilidade institucional e ambiental, essa prevalência é entre 11 e 18 pontos percentuais maior.

– As pessoas que vivem em países afetados por crises prolongadas têm quase 2,5 mais chances de padecer com a subnutrição que as que vivem em outros lugares.

ORGANIZAÇÃO das Nações Unidas para a Alimentação e a Agricultura. A fome volta a crescer no mundo, afirma novo relatório da ONU, 15 set. 2017. Disponível em: <www.fao.org/>. Acesso em: 2 mar. 2018.

Indianos lutando pela sobrevivência num lixão em 2017.

Alamy/Fotoarena

AGORA É COM VOCÊ

Sob a orientação do professor, promovam um debate em sala de aula com o tema "As propostas de Francisco para a atualidade". Primeiro, façam um levantamento de todas as ideias discutidas no capítulo. Depois, dividam a classe entre os que argumentarão a favor dessas ideias e os que argumentarão que se trata de "ideias impraticáveis". Por fim, os vencedores do debate poderão redigir um manifesto, isto é, uma declaração que contenha suas ideias.

E PARA TERMINAR

O texto a seguir pertence à mitologia afro-brasileira e fala dos orixás, deuses africanos. Leia-o com atenção para relacioná-lo com os temas tratados neste capítulo:

Os homens provocam a separação entre o Céu e a Terra
Houve um tempo em que não havia separação
entre o mundo dos homens, a Terra, o Aiê,
e o mundo dos deuses, o Céu dos orixás, o Orum.
Os homens iam ao Céu visitar os orixás
e os orixás vinham visitar os homens na Terra.
Mas sempre que um ser humano ia ao Orum,
tudo ali ficava imundo e feio.
Os homens largavam no chão tudo quanto era lixo,
emporcalhavam as brancas paredes dos palácios e das casas,
pichavam muros e edifícios com marcas sem sentido.
Contou o príncipe Ofum, na décima reunião com Ifá,
que Oxalá, o deus negro que se veste de branco,
o orixá que do barro modelou o homem,
aquele que merece o respeito máximo,
ficou muito irritado com a sujeira dos humanos,
dos homens que ele mesmo havia fabricado.
Oxalá foi queixar-se a Olorum, o Deus Supremo,
e Olorum separou para sempre o Céu da Terra.
Desde então os deuses moram lá no Orum, em paz,
e os homens e as mulheres vivem aqui no Aiê, a trabalhar.
E em vida os homens nunca mais puderam
passear no Céu dos orixás.

Oxalá, de Carybé.

Mas a humanidade não aprendeu a lição
e aqui na Terra tudo continua sujo e feio.
Os homens largam no chão tudo quanto é lixo,
emporcalham as brancas paredes dos palácios e das casas,
picham muros e edifícios com frases sem sentido. [...]

PRANDI, Reginaldo. *Os príncipes do destino*: histórias da mitologia afro-brasileira. São Paulo: Cosac Naify, 2001. p. 75-77.

a) Qual é a ideia em comum entre o texto acima e o que vimos no capítulo?

b) Existe uma diferença entre o texto acima e o que vimos no capítulo: a corrente religiosa. A que corrente cada um deles pertence?

c) Você considera possível um diálogo entre cristãos e adeptos do candomblé? Por quê? Caso sua resposta seja positiva, como isso se daria?

Reprodução/Franco Zeffirelli/Paramount Pictures

Reprodução/Liliana Cavani/Flash Star Filmes

SESSÃO DE CINEMA

Irmão Sol, Irmã Lua

Direção de Franco Zeffirelli. Paramount Pictures, 1973.

Com uma bela trilha sonora, narra alguns fatos da vida de Francisco, com paisagens originais. Trata-se de um filme poético e leve. Termina quando Francisco obtém a autorização do Papa Inocêncio para sua missão.

Francesco

Direção de Liliana Cavani. Estúdios Rai, 1994.

Versão mais densa da vida de Francisco, que relata até seus últimos dias de vida. Filmado também na Itália e falado em italiano, é bastante fiel à História.

Procure assistir aos filmes indicados pensando sobre esta questão:
Qual a maior mensagem de Francisco para o mundo e para mim?

> [...] Não há trabalho melhor que promover o bem-estar de todas as pessoas [...].

Ashoka, rei budista morto em 232 a.C.

In: BUENO, André. *Textos de história da Índia antiga*. Rio de Janeiro: Ebook, 2016. p. 60.

agsandrew/Shutterstock

13

Os espíritos se comunicam?

Perguntas que todos se fazem

O espiritismo nasceu na França, no século XIX, com Allan Kardec, que, segundo seus adeptos, fundou essa doutrina em diálogo com os espíritos. Kardec não é visto pelos seguidores do espiritismo como santo ou profeta, mas como cientista, pesquisador e filósofo.

Mary Evans Picture Library/Glow Images

Allan Kardec.

O principal objeto de estudo do espiritismo é a existência dos espíritos – sua origem, seu destino e suas relações com as pessoas vivas. Essas ideias não são exclusivas do espiritismo, pois podem ser encontradas em várias religiões e entre diversos povos. O que é original da proposta espírita é pretender aplicar o método de pesquisar cientificamente essas questões.

O espiritismo procura responder a perguntas feitas antes por diversos religiosos e filósofos: De onde viemos? O que somos? Para onde vamos? O que acontece conosco depois da morte?

O educador e os espíritos

Kardec, cujo nome de batismo era Hippolyte Léon Denizard Rivail, nasceu em 1804, em Lyon, na França. Estudou numa famosa escola suíça, Yverdon, dirigida pelo educador suíço Johann Heinrich Pestalozzi, um homem extremamente amoroso e dedicado às crianças.

Science Photo Library/Latinstock

Ilustração histórica de 1909 de uma sessão espírita.

A escola de Pestalozzi funcionava num castelo medieval e era internacionalmente conhecida. Eram muitos os que para lá iam a fim de aprender uma nova forma de educar.

Ao voltar à França, Rivail tornou-se educador. Publicou vários livros didáticos, apresentou projetos para a reforma do ensino francês e fundou institutos de educação. Casou-se com Amélie Boudet, também professora, e com ela dedicou-se durante mais de 30 anos à educação. Não tiveram filhos.

Apesar de seu grande sucesso como educador, uma notícia mudaria a vida de Rivail. Um amigo lhe falou sobre fenômenos chamados "mesas girantes": as pessoas sentavam-se em torno de uma mesa e esta começava a girar, movida por uma força desconhecida.

Na primeira conversa que teve com o amigo, Rivail não deu muita importância à história. Porém, ao encontrar-se novamente com ele, ouviu outra informação espantosa: as mesas, além de girarem, respondiam a perguntas que lhes eram dirigidas. Rivail mostrou-se incrédulo.

Bridgeman Images/Glow Images

Documento sobre a escola e Pestalozzi. Século XIX.

Algum tempo depois, em 1855, Rivail ouviu de outro amigo que as mesas seriam movidas pelos espíritos. Resolveu, então, investigar. Assim, em visita à casa de uma amiga, decidiu assistir a uma "sessão de mesa girante". Na reunião, presenciou um acontecimento espantoso: as mesas giravam, saltavam e corriam. Achou, então, que aquele fato deveria ter uma causa séria e merecia um estudo aprofundado.

Com a intenção de entender aquele fenômeno, Rivail começou a frequentar as reuniões da família Baudin: nelas, duas meninas de 14 e 16 anos colocavam as mãos sobre a borda de um pequeno cesto, que tinha um lápis amarrado, e o lápis começava a escrever sozinho. Rivail presenciou várias comunicações e respostas dadas a questões que ele fazia apenas mentalmente. Desse modo, ele começou a acreditar que os fenômenos eram produzidos por uma força estranha e passou a estudá-los com seriedade, contrariando-se com o fato de as pessoas fazerem daquilo uma brincadeira de salão.

Rivail descobriu que os fenômenos eram produzidos por forças inteligentes invisíveis, que se autodenominavam "espíritos". Outra descoberta foi que esses espíritos nada mais eram que a alma de seres humanos que haviam morrido – por isso não possuíam mais sabedoria que a de qualquer pessoa. Quer dizer: seus conhecimentos iam até o limite do seu grau de desenvolvimento espiritual; suas opiniões não eram infalíveis.

Cautelosamente, Rivail nunca baseou sua teoria no que lhe dissesse um único espírito. Analisando cada espírito em particular, ele descobriu que havia os maus, os sofredores, os bons, os sábios, os ignorantes... assim como entre as pessoas no mundo em que vivemos.

Estátua de Pestalozzi com uma criança em Zurique, Suiça.

Prisma Bildagentur/UIG/Getty Images

Em 1856, Rivail recebeu uma mensagem de um espírito que se autodenominava "Espírito da Verdade", falando-lhe sobre sua missão espiritual. Esse espírito prometeu-lhe proteção, mas advertiu-o de que:

> *[...] Primeiramente, para agradar a Deus, é preciso a humildade, a modéstia e o desinteresse, pois ele abate os orgulhosos, os presunçosos e os ambiciosos. Para lutar contra os homens é preciso ter coragem, perseverança e uma firmeza inabalável; é preciso também prudência e tato para conduzir as coisas de modo conveniente e não lhes comprometer o êxito através de medidas ou de palavras intempestivas; é preciso, por fim, ter devotamento, abnegação, e estar pronto para todos os sacrifícios.*

KARDEC, Allan. *Obras póstumas*. 2. ed. Rio de Janeiro: CELD, 2011. p. 282.

Intempestivas: imprevistas, inoportunas.

Devotamento: dedicação.

Abnegação: desinteresse, renúncia.

Depois dessa comunicação, as pesquisas de Rivail se intensificaram e, com a ajuda dos espíritos, ele começou a publicar seus livros. Passou a assinar "Allan Kardec", que, conforme veio a saber, era seu nome numa existência anterior, na época dos druidas, nas Gálias. Em 1857, publicou a primeira e fundamental obra do espiritismo: *O Livro dos Espíritos*.

Druidas: antigos sacerdotes do povo celta que viviam nas Gálias, França atual. Eram os responsáveis pela educação e detinham os conhecimentos da ciência. Acreditavam na indestrutibilidade da matéria, na vida após a morte e na reencarnação.

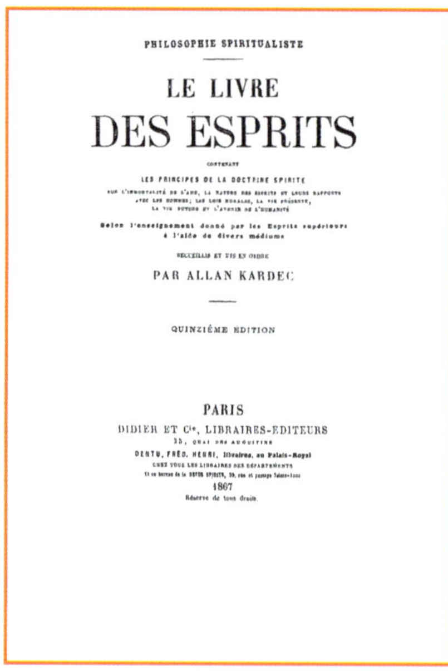
PHILOSOPHIE SPIRITUALISTE

LE LIVRE

DES ESPRITS

PAR ALLAN KARDEC

QUINZIÈME ÉDITION

PARIS

DIDIER ET Cie, LIBRAIRES-ÉDITEURS

1867

Reprodução/Biblioteca Nacional da França, Paris

Capa de *O Livro dos espíritos*, de Allan Kardec, de 1857.

Artista desconhecido/Arquivo da editora

Sessão de mesa girante.

BEBENDO NA FONTE ESPÍRITA

O Livro dos Espíritos

Em *O Livro dos Espíritos*, há um resumo da doutrina transmitida pelos espíritos:

1. *Deus é eterno, imutável, imaterial, único, todo-poderoso, soberanamente justo e bom. Criou todas as coisas existentes no universo.*
2. *Além do mundo visível material, há um mundo espiritual que é o verdadeiro mundo que sobrevive a tudo e é eterno.*
3. *Os espíritos temporariamente habitam um corpo material; quando esse corpo morre, ele volta ao mundo espiritual. O espírito é um ser real, definido, que em certos casos pode ser visto, ouvido e tocado.*
4. *Os espíritos pertencem a classes diferentes, não sendo iguais nem em poder, inteligência, moral ou saber.*
5. *Todos os espíritos vão melhorando, através de diversas encarnações, no mundo material, até atingirem a perfeição. A encarnação dos espíritos ocorre sempre na espécie humana, não podendo se encarnar num corpo de animal.*
6. *As diferentes existências corporais do espírito são sempre progressivas e jamais retrógradas.*
7. *As relações dos homens com os espíritos são constantes. Os bons espíritos nos convidam ao bem, nos ajudam nas dificuldades da vida. Os maus nos convidam ao mal.*
8. *Os espíritos podem se comunicar com os homens e exercer sobre eles uma influência boa ou má, cabendo a nós saber distinguir as boas ou as más inspirações.*
9. *A moral dos espíritos superiores é a moral do Cristo e resume-se em fazer o bem.*
10. *Não há faltas que não possam ser reparadas. O homem encontra o meio necessário nas diferentes vidas, que lhe permitem consertar os erros e avançar em direção à perfeição, que é o seu objetivo final.*

KARDEC, Allan. *O Livro dos Espíritos*. São Paulo: Feesp, 1997.

Continuando o trabalho

Kardec lançou outros livros e uma revista, e também fundou a Sociedade Parisiense de Estudos Espíritas, que ficou famosa na época. Entre seus livros, está *O Livro dos médiuns*, em que ele analisa a mediunidade e critica as falhas cometidas pelos médiuns orgulhosos ou interessados em lucros financeiros. Fala também dos charlatães, impostores que exploram a boa-fé do público.

Mediunidade: capacidade de se comunicar com os espíritos. Ver também Psicografia.

Médiuns: segundo o espiritismo, intermediários entre o mundo físico e o mundo espiritual.

Um dos critérios adotados por Kardec era apenas aceitar como ensino dos espíritos aquilo que fosse racional e que diferentes médiuns, de diferentes lugares, desconhecidos uns dos outros, recebiam da mesma maneira. Todos os princípios espíritas passaram por esse critério, que Kardec chamava de "a concordância universal do ensino dos espíritos".

A sociedade fundada por Kardec recebia manifestações de todas as regiões da França e de várias partes do mundo. Mas, além das mensagens daqueles que iam aderindo ao espiritismo, começaram a surgir muitas críticas e ataques.

Algumas dessas críticas à nova doutrina vinham da Igreja católica, até que, em 1864, houve um fato mais grave: o chamado auto de fé de Barcelona, na Espanha. O bispo da cidade ordenou que fossem queimados trezentos livros espíritas. Kardec não se abalou, pois, apesar da oposição, havia espíritas em todas as camadas da sociedade, das mais humildes às mais ricas.

Auto de fé: na Igreja católica, nome dado à cerimônia da condenação, pelo Tribunal da Santa Inquisição, de uma pessoa ao suplício na fogueira ou da queima de livros e objetos que estivessem em desacordo com a orientação da Igreja. A Inquisição foi instituída em 1184 e só viria a ser definitivamente abolida em 1821.

Granger/Fotoarena

Ilustração inglesa representando uma sessão de mesa girante, em 1853.

Um novo modo de ser cristão

Em 1864, Kardec publicou *O Evangelho segundo o Espiritismo*, afirmando, nele, o espiritismo como cristão. Essa atitude gerou – e ainda gera – muitas discussões.

Kardec discordou de várias ideias indiscutíveis para a Igreja, como a existência de inferno eterno. Ele afirmava que, após passar por muitas vidas, todos teriam salvação. Kardec também não aceitava a ideia de Jesus como o próprio Deus. Até hoje, a Igreja católica e as Igrejas protestantes e evangélicas não aceitam que o espiritismo se considere cristão.

Para responder às críticas, Kardec lançou o livro *O Céu e o Inferno*. Nele, analisa a ideia do inferno habitado por almas perdidas para sempre e sem chance de salvação.

Para os espíritas, Jesus nos revela um Deus tão justo e bom, que sempre daria novas oportunidades aos seus filhos para refazer o que tivessem feito de ruim em outra vida na Terra. O espiritismo, portanto, é reencarnacionista.

AUDI, Edson. Vida e obra de Allan Kardec/Publicações Lachâtre Editora

O auto de fé de Barcelona.

Kardec trabalhou exaustivamente. Em 1868, publicou seu último grande livro: *A Gênese, os Milagres e as Predições Segundo o Espiritismo*. A nova doutrina se espalhara pelo mundo, mas Kardec não queria que o espiritismo assumisse características religiosas ou políticas que levassem ao fanatismo e à intolerância. Seu lema era: *Fora da caridade não há salvação.*

O fundador do espiritismo morreu em 1869. Seu túmulo é até hoje o mais visitado no cemitério Père Lachaise, em Paris.

Túmulo de Kardec, no cemitério Père Lachaise, em Paris.

Alamy/Fotoarena

O X DA QUESTÃO

1) Allan Kardec acreditou ter provado que há vida após a morte. Na sua opinião, há evidências que comprovem a existência dos espíritos? Justifique sua resposta.

2) Em *O Livro dos espíritos*, Kardec faz um resumo da doutrina espírita. Volte à seção *Bebendo na fonte* e escolha um item com o qual você concorda e um do qual discorda. Justifique suas escolhas.

3) Os espíritas não acreditam na existência do inferno. Portanto, na visão deles, se alguém agir de maneira muito errada, não vai para o inferno. Como, então, essa pessoa vai reparar o mal que fez?

Album/Fotoarena

Gravura das irmãs Fox em uma sessão de mesas girantes.

FALANDO DE CIÊNCIA

As irmãs Fox

Kardec afirmava que a crença nos espíritos existe desde que o ser humano surgiu na Terra. Mas foi na sua época que aconteceram manifestações capazes de perturbar o mundo.

Entre muitas manifestações espirituais, houve um episódio, num vilarejo chamado Hydesville, nos Estados Unidos, que chamou a atenção do mundo. Numa das casas dessa cidade, habitada pela família Fox, passaram-se os estranhos fatos.

No ano de 1848, começaram a ser notados estranhos ruídos de arranhadura, sem uma causa aparente. Com o tempo, esses ruídos se intensificaram, passando a pequenas batidas ou sons de móveis sendo arrastados. As filhas do casal Fox, Margaret, de 14 anos, e Kate, de 11, ficavam assustadas. O som era tão vibrante que as camas chegavam a tremer e se mover. Foram feitas inúmeras investigações a fim de localizar a causa do problema, mas todas falharam. Os arranhões continuavam.

Certa noite, ouviu-se uma série de sons muito altos e contínuos, e a pequena Kate desafiou a força invisível a repetir as batidas que ela mesma dava com os dedos. O desafio foi respondido imediatamente: cada batida sua era respondida por um golpe.

A notícia espalhou-se com extrema rapidez e os vizinhos começaram a chegar aos bandos. Decidiu-se formar uma comissão de investigação para dirigir uma série de perguntas à força desconhecida. Para surpresa geral, conforme sua própria declaração, tratava-se do espírito de uma pessoa que havia sido assassinada naquela casa. O espírito indicou onde estava enterrado seu corpo, que até aquele momento não havia sido descoberto. Feitas as escavações no local indicado, seus ossos foram encontrados. Depois disso, os Fox passaram a fazer muitas sessões públicas em vários estados americanos, despertando grande interesse.

A opinião dos cientistas

Os fenômenos de manifestações de espíritos chamaram a atenção de diversos cientistas, tanto na Europa quanto na América. Vários deles realizaram pesquisas sobre o assunto, como: Alfred Russel Wallace, naturalista inglês; Paul Gibier, médico e bacteriologista francês que descobriu o micróbio da raiva; Oliver Lodge, físico inglês, doutor em ciências por sete universidades; William Crookes, químico e físico inglês; Zöllner, astrônomo e físico alemão, professor da Universidade de Leipzig; Aleksander Aksakof, médico russo, doutor em filosofia e professor da Universidade de Leipzig.

Todos eles, a princípio, pesquisaram os fenômenos a fim de negá-los, mas concluíram depois que as manifestações eram verdadeiras. A mais interessante dessas pesquisas foi a de William Crookes, que chegou a fotografar um espírito materializado.

AGORA É COM VOCÊ

Se você fosse um cientista, como agiria diante dos fenômenos relatados acima? Justifique sua resposta.

Historia/REX/Shutterstock

Espírito materializado em sessão de 1874, fotografado por Crookes.

NO DIA A DIA

Certa noite, Joel e Alexandre estavam sozinhos em casa e resolveram fazer a "brincadeira do copo". Queriam invocar, isto é, chamar um espírito, mas queriam fazê-lo por pura curiosidade, a fim de dirigir-lhe perguntas engraçadas. Iniciaram, então, a brincadeira... e o copo começou a se mexer. Mas sentiram medo e pararam.

Pense nisto: Se Kardec fosse consultado sobre essa iniciativa dos meninos, qual teria sido sua atitude?

AGORA É COM VOCÊ

Um dos motivos de conflito entre católicos, evangélicos e espíritas é que os dois primeiros negam a comunicação com os espíritos, alegando que a Bíblia proíbe e condena tal prática. Os espíritas, ao contrário, alegam que a comunicação com os espíritos também aparece na Bíblia.

Sob a orientação do professor, dividam a classe em grupos para analisar algumas passagens bíblicas e discutir essa questão. Mas é importante respeitar a conclusão pessoal de cada um! As passagens que vocês lerão são:

- usadas por católicos, protestantes tradicionais e evangélicos pentecostais para questionar os espíritas – Levítico 20,6 e Deuteronômio 18,9-12;
- usadas pelos espíritas a seu favor – I Samuel 28,3-19 e Mateus 17,1-9.

BEBENDO NA FONTE ESPÍRITA

Como devemos ser bons

Para falar sobre as qualidades que os seres humanos devem buscar, Kardec baseou-se na figura de Jesus Cristo, que para ele foi o maior modelo. Na visão do espiritismo, Jesus é um espírito perfeito, filho de Deus e nosso irmão, e poderemos um dia chegar a ser como ele.

Alamy/Fotoarena

Ilustração de Jesus rodeado por pessoas que acreditavam nos seus ensinamentos.

O verdadeiro homem de bem é aquele que pratica a lei de justiça, de amor e caridade, na sua maior pureza. Se interroga a sua consciência sobre os próprios atos, pergunta se não violou essa lei, se não cometeu o mal, se fez todo o bem que podia, se não deixou escapar voluntariamente uma ocasião de ser útil, se ninguém tem de que se queixar dele, enfim, se fez aos outros tudo aquilo que desejaria que os outros fizessem por ele.

Tem fé em Deus, na sua bondade, na sua justiça e na sua sabedoria; sabe que nada acontece sem a sua permissão, e submete-se em todas as coisas à sua vontade.

Tem fé no futuro, e por isso coloca os bens espirituais acima dos bens temporais.

[...] O homem possuído pelo sentimento de caridade e de amor ao próximo faz o bem pelo bem, sem esperar recompensa, paga o mal com o bem, toma a defesa do fraco contra o forte e sacrifica sempre o seu interesse à justiça.

[...] É bom, humano e benevolente para com todos, sem distinção de raças nem de crenças, porque vê todos os homens como irmãos.

[...] Não tem ódio nem rancor, nem desejos de vingança. A exemplo de Jesus, perdoa e esquece as ofensas, e não se lembra senão dos benefícios. Porque sabe que será perdoado, conforme houver perdoado.

É indulgente para as fraquezas alheias, porque sabe que também ele mesmo tem necessidade de indulgência, e se lembra destas palavras do Cristo: "Aquele que está sem pecado atire a primeira pedra".

[...] Estuda as suas próprias imperfeições, e trabalha sem cessar em combatê-las. Todos os seus esforços tendem a permitir-lhe dizer, amanhã, que traz em si alguma coisa melhor do que na véspera.

Benevolente: bondoso, benigno.

Indulgente: tolerante, pronto a perdoar.

[...] O homem de bem, enfim, respeita nos seus semelhantes todos os direitos que lhe são assegurados pelas leis da natureza, como desejaria que os seus fossem respeitados.

KARDEC, Allan. *O Evangelho Segundo o Espiritismo*. 59 ed. São Paulo: LAKE, 2003. p. 136-138.

O QUE VOCÊ ENTENDEU?

Reproduza com suas palavras a parte do texto que mais o sensibilizou e justifique sua preferência.

EU COMIGO

"Pensando no que é ser uma pessoa de bem segundo Kardec: o que ainda preciso fazer para conseguir ser uma delas?"

FALANDO DE MEDIUNIDADE

A comunicação com os espíritos

Segundo Kardec, os espíritos exercem sobre o mundo corporal uma influência incessante. Agem sobre a matéria e sobre o pensamento e constituem uma das forças da natureza. Causam vários fenômenos até agora inexplicados ou mal explicados.

A comunicação entre os espíritos e as pessoas se dá por meio da mediunidade. Essa comunicação pode partir de personagens famosas ou obscuras, de nossos parentes, amigos ou mesmo inimigos. Deles podemos obter mensagens escritas ou verbais, conselhos e informações sobre a situação em que se acham no mundo dos espíritos.

Os espíritos bons gostam das reuniões sérias, em que haja o amor ao bem. Já dos espíritos inferiores obtemos informações mentirosas, brincadeiras, futilidades. Muitas vezes, eles se utilizam de nomes de pessoas que foram importantes na Terra para induzir ao erro. São esses espíritos que acabam se manifestando em reuniões feitas por simples curiosidade.

Sessão espírita, 1912.

Collection Roger-Viollet/Agence France-Presse

Flávio Florido/Folhapress

Chico Xavier, que também psicografava muitas mensagens espirituais.

Kardec ensina a distinguir entre os bons e os maus espíritos: os espíritos superiores possuem linguagem clara, seus conselhos revelam sabedoria e eles têm como objetivo o nosso progresso e o bem de toda a humanidade. A linguagem dos espíritos inferiores, ao contrário, é grosseira. Às vezes, dizem coisas boas e verdadeiras, mas frequentemente fazem afirmações absurdas e falsas, por maldade ou por ignorância.

Várias pessoas tiveram a mediunidade desenvolvida e se tornaram famosas. Isso aconteceu, por exemplo, no século XVIII, com o vidente sueco Emmanuel Swedenborg, que obteve grande projeção por suas visões a distância, ou seja, ele sabia de acontecimentos que se passavam em locais distantes. Outro médium notável foi Andrew Jackson Davis, nascido nos Estados Unidos, que tinha diversas aptidões mediúnicas, entre elas premonição, cura, psicografia, vidência, etc.

Premonição: capacidade de prever o futuro.

Psicografia: comunicação dos espíritos, atuando sobre um médium, por meio da escrita.

Vidência: capacidade de ver espíritos ou cenas relativas a fatos que ainda não ocorreram ou que estão ocorrendo em lugares distantes.

No Brasil, tivemos muitos médiuns importantes, entre eles o mineiro Chico Xavier (1910-2002). Em 1931, ele publicou o livro *Parnaso de além-túmulo*, uma coletânea de poesias mandadas por dezenas de poetas já falecidos. Chico Xavier psicografou mais de quatrocentos livros, com mais de 20 milhões de exemplares vendidos em todo o mundo, traduzidos em diversas línguas. Ele recebeu mensagens poéticas, científicas, filosóficas e religiosas, e ainda psicografou em outras línguas.

Chico Xavier estudou apenas até o quarto ano primário (quinto ano do atual ensino fundamental). Ao longo de seus 92 anos de vida, poderia ter-se tornado rico e poderoso, mas preferiu doar tudo o que recebia e nunca cobrou por seus dons mediúnicos. Assim, seguiu à risca o conselho de Kardec: dar de graça o que de graça recebeu.

AGORA É COM VOCÊ

Se você fosse médium, gostaria de receber uma mensagem mediúnica de quem? Por quê?

DE OLHO NO BRASIL

Eurípedes, um educador espírita

No Brasil, tivemos um espírita famoso que foi médium e educador. Nascido em Minas Gerais, em 1880, na cidadezinha de Sacramento, Eurípedes de início era católico, como a maioria das pessoas naquela época em nosso país. Mas, aos 24 anos, leu um livro chamado *Depois da morte*, do autor espírita Léon Denis, e ficou fascinado por essa filosofia que, para ele, explicou o que acontece depois de nossa passagem para outro mundo.

Converteu-se ao espiritismo e causou grande escândalo na região, porque muita gente achava que era coisa do demônio. Mas, aos poucos, Eurípedes foi fazendo tanto bem e ajudando tanta gente, que quase a cidade inteira ficou convencida de que ele era uma pessoa muito especial. Conta-se que curava pessoas com receitas recebidas dos espíritos, orientava aqueles que estavam mal psiquicamente e atuava politicamente em Sacramento para melhorar as condições de vida do povo. Mas acima de tudo, a missão principal de Eurípedes Barsanulfo foi na educação. Ele fundou a primeira escola espírita do mundo, o Colégio Allan Kardec.

Não era uma escola para converter as pessoas ao espiritismo. Nela, Eurípedes ensinava todas as religiões e ideias filosóficas. Era, no entanto, uma escola muito diferente das outras. Não tinha provas, notas, castigos; não tinha divisão de classes por idade (séries), mas por grupo de conhecimento. No Colégio Allan Kardec, as crianças tinham aulas-passeio, aulas de astronomia, teatro, fora as matérias normais de português, matemática, ciências, história e geografia. Mas tudo era feito com muito prazer e entusiasmo.

Eurípedes era um professor muito amado pelos alunos. Nunca gritou com eles, nunca os expulsou nem da sala, nem da escola, nunca os castigou por nada. Apenas conversava com eles para saber se havia alguma coisa de errado. Naquela época era comum aplicar castigos como palmatória, joelho no milho, orelha de burro! Também naquele tempo, meninos não estudavam com meninas – aliás, muito poucas meninas iam à escola. Quando iam, era a uma escola mais fraca, só para elas, onde se aprendia muito de prendas domésticas e pouco de outras matérias. Pois Eurípedes misturou meninos e meninas e todos tinham a mesma educação.

No final do ano, a escola promovia debates públicos e apresentação de teatro – tudo feito pelos alunos. E gente vinha de longe para assistir aos brilhantes e entusiasmados alunos de Eurípedes Barsanulfo.

Para tristeza dos alunos, esse grande mestre morreu muito cedo, aos 38 anos, em 1918, contaminado pela Gripe Espanhola, que foi uma epidemia que matou milhões de pessoas no mundo inteiro.

Eurípedes Barsanulfo.

E PARA TERMINAR

1) Leia com atenção o seguinte trecho de notícia:

Segundo a antropóloga [Carmen Junqueira], um índio pode tornar-se pajé no Alto Xingu, primeiro através de uma revelação, em sonho, de um espírito guardião. Depois o processo se desenvolve através de rituais. [...]

Cada pajé, pelas diferenças do seu espírito guardião, é diferente do outro. Quando alguém fica doente, ou perdido na floresta, por exemplo, o pajé entra em um transe discreto (muito diferente do nosso candomblé) em que fica imóvel e em contato com o espírito guardião. [...]

RUSCHI diz que se sente melhor com tratamento indígena. *Folha de S.Paulo*, São Paulo, 24 jan. 1986.

a) Qual a ideia principal que aparece tanto nos cultos indígenas como no espiritismo?

b) Tanto os indígenas como os africanos, que participaram da formação da cultura brasileira, acreditam nos espíritos. Ao mesmo tempo, o Brasil é o país onde houve melhor aceitação da doutrina de Kardec. Na sua opinião, esses fatos estão relacionados entre si? Justifique sua resposta.

2) Se você soubesse que já teve outra encarnação, isto é, outra vida, como gostaria que tivesse sido? Você pode citar uma personalidade, uma profissão, uma nacionalidade, etc. Justifique sua resposta.

"[...] os vivos não provêm menos dos mortos que os mortos dos vivos. Ora, assim sendo, haveria aí, parece, uma prova suficiente de que as almas dos mortos estão necessariamente em alguma parte, que é de lá que voltam para a vida."

Platão.

Diálogos. 2. ed. São Paulo: Abril Cultural, 1983. p.75. (Os pensadores).

Niklas Halle'n/Agência France-Presse

14

A desobediência ao mal

Estátua de Mahatma Gandhi em Londres, Inglaterra.

Lutar sem violência

É possível lutar sem violência? É possível ver alguém cometer uma grande injustiça e tentar impedir, mas sem sentir raiva? É possível ter piedade de quem mata, rouba, pratica crueldades? É possível condenar os atos sem sentir ódio de quem os praticou? Uma causa justa pode ser defendida sem violência, ainda que os que por ela lutam sejam alvo de muita violência?

Um grande líder pacifista que viveu na Índia demonstrou que sim, que tudo isso é possível. Até hoje, muita gente duvida que se possa agir sempre sem violência na vida. Mohandas Gandhi, ao contrário, com suas ideias e seu exemplo, mostrou a força da não violência.

Especiarias: temperos (cravo, canela, pimenta, noz-moscada, etc.) vindos do Oriente.

EU COMIGO

"O que é a paz para mim? Eu acredito na paz? Sempre ou nem sempre? Por quê? Eu pratico a paz? De que forma?"

Uma história de milênios

A civilização da Índia é uma das mais antigas do mundo. Templos magníficos, ricos objetos de arte, mitos e filosofias diversas provêm dos diversos povos que lá habitaram desde pelo menos 2 500 anos antes de Cristo.

Até por volta do ano 1500, época das navegações europeias, a Índia era um país de reis e príncipes, com maravilhosa produção de tecidos finos e agricultura, sobretudo de especiarias – o que os europeus mais desejavam.

Album/Fotoarena

O líder pacifista Gandhi, em 1946.

Entretanto, a partir de 1600, a Índia passou a ser dominada por uma grande potência estrangeira, a Inglaterra, e dela tornou-se colônia. Pouco mais de 300 anos depois, era um dos países mais pobres do mundo: sua indústria foi arruinada e a agricultura não conseguia mais alimentar seu povo.

Durante todo esse período, houve revoltas e guerras pela liberdade e pela expulsão dos ingleses. Mas surgiu um homem que iria lutar por isso de forma muito diferente.

Alamy/Fotoarena

Templo Parvati, parte da antiga dinastia da Índia.

FALANDO DE HISTÓRIA

A colonização da Índia

Em 1600, a Inglaterra criou a Companhia das Índias Orientais, uma empresa mercantil, para explorar comercialmente a Índia, país então riquíssimo, cujos produtos os europeus cobiçavam. Aos poucos, a Companhia foi tomando conta da Índia, estabelecendo poderes, ocupando territórios, submetendo reis e príncipes, organizando exércitos.

Em 1857, porém, os indianos se revoltaram contra a dominação da Companhia das Índias Orientais. Estourou a Guerra dos Sipaios (soldados indianos; também se escreve "cipaios") para fazer a Índia independente, mas os ingleses venceram dois anos depois.

Noam Chomsky, um grande intelectual norte-americano, em entrevista dada em 1993, analisou esse período de colonização inglesa na Índia:

[...] Quando os britânicos chegaram pela primeira vez, Bengala era um dos lugares mais ricos do mundo. Os primeiros mercadores britânicos descreveram-na como um paraíso. Essa é, atualmente, a área de Bangladesh e Calcutá, um símbolo de desespero e pobreza.

Lá havia ricas áreas agrícolas, que produziam um algodão de rara qualidade, e também uma indústria avançada para os padrões da época. [...]

Você pode saber o que aconteceu pelos livros de Adam Smith, que tinha escrito sobre o assunto há mais de duzentos anos. Ele lamentava as privações causadas pelos ingleses em Bengala. Segundo Smith, os ingleses destruíram primeiro a economia agrícola, depois transformaram a "carência em fome coletiva". [...] Houve então fome em massa em Bengala.

Os britânicos também tentaram destruir o sistema industrial instalado nas regiões da Índia controladas por eles. A partir do século XVIII, a Grã-Bretanha impôs duras leis tarifárias para impedir que os produtos industrializados indianos competissem com a produção têxtil dos ingleses. [...]

Os ingleses tiveram sucesso. A Índia fechou suas indústrias e tornou-se uma economia rural. À medida que a Revolução Industrial avançava na Inglaterra, a Índia transformava-se em um país agrário e pobre.

[...]

CHOMSKY, Noam. *A minoria próspera e a multidão inquieta.* 2. ed. Brasília: Editora Universidade de Brasília, 1999. p. 84-86.

Sajjad Hussain/Agência France-Presse

Adulto e crianças assando um rato em um pátio sujo, na Índia, em 2017.

O pequeno homem de alma grande

Mohandas Karamchand Gandhi, depois chamado de Mahatma Gandhi (*mahatma* quer dizer "grande alma"), nasceu em 1869 na província de Guzerate, na Índia. Sua família era de classe média, profundamente religiosa, sobretudo sua mãe, a quem era muito ligado.

Tímido, pequeno e muito magro, Gandhi foi criado dentro dos preceitos do hinduísmo, mas sua mãe pertencia ao jainismo – outra religião da Índia –, que prega a pureza, o desprendimento dos bens terrenos e o vegetarianismo.

Jainismo: religião indiana, criada no século VI a.C. (pouco antes da época em que viveu Buda). Propunha um rompimento com as tradições védica e hinduísta e era fundamentada na ideia do *ainsa* (rejeição à violência).

Quando completou 13 anos, segundo um costume antigo, Gandhi casou-se, por meio de arranjo de família, com uma menina da mesma idade que ele, Kasturbai. Durante toda sua vida a esposa foi para ele uma grande amiga e companheira de seus ideais.

Chegada a época de fazer um curso universitário, em 1888, Gandhi foi para a Inglaterra estudar Direito, deixando a família na Índia. A mãe o fez prometer que ele se manteria fiel à esposa e que não comeria carne durante os anos em que ficasse fora. Ele cumpriu a promessa à risca, mas, quando voltou à Índia, teve uma grande tristeza: a mãe havia falecido.

Tentou exercer a advocacia em sua terra natal, porém sem muito sucesso. Conseguiu, então, trabalho como advogado de uma empresa indiana na África do Sul, onde iria passar muitos anos.

Dinodia Photos/Getty Images

Gandhi e a mulher, Kasturbai, em foto de 1940.

A África do Sul também era colônia da Inglaterra, e os africanos – os verdadeiros donos daquela terra – eram talvez até mais escravizados do que os indianos. Naquele país, era proibida a convivência entre as diversas nacionalidades e etnias: os africanos e os indianos eram obrigados a ficar distantes dos bons lugares onde estavam os brancos. Indignado, Gandhi resolveu, a partir daí, lutar pelos direitos de seus compatriotas.

Foi nessa época que Gandhi começou a usar seus métodos de não violência. Seu raciocínio era o seguinte: diante das leis injustas dos ingleses, os indianos deveriam desobedecer, não cooperar com o mal e com a injustiça, mas jamais usar de violência, ainda que os ingleses reagissem com violência. E eles reagiam: com pancadas, prisão e até morte.

Um exemplo das ações de Gandhi na África do Sul: lá, um indiano não podia andar na mesma calçada que um europeu e tinha de portar um documento especial, que não era exigido para os brancos. Gandhi, então, organizou um movimento de queima desses documentos.

Local History Museum, Durban/Arquivo da editora

Policial adverte Gandhi em uma das marchas de trabalhadores indianos lideradas por ele na África do Sul.

Por ações como essa, foi várias vezes preso e espancado, assim como outros indianos e sua própria mulher, que sempre estava com ele.

A cada lei injusta dos ingleses, Gandhi dava início a um movimento de resistência. Com isso, sempre colocava o governo britânico diante de uma situação muito delicada: ou prendia e matava todos eles – o que seria absurdo – ou acabava por mudar a lei. E esse era o objetivo de Gandhi.

Gandhi não se limitava a organizar movimentos de desobediência à lei. Fundou também um *ashram* na África do Sul, chamado Fazenda Tolstói, em homenagem ao escritor russo Liev Tolstói (1828-1910), que foi um dos inspiradores de suas ideias de não violência.

Ashram: comunidade--aldeia em que todos vivem em comum, partilhando um ideal. Baseia-se nas tradições do budismo, do hinduísmo e do jainismo e tem como princípios a não violência e o socorro aos pobres e necessitados.

Dinodia Photos/Getty Images

Gandhi se despede do povo sul-africano, em 1914.

Nesse *ashram*, procurava-se viver de forma diferente: não havia empregados ou servos para limpar, cozinhar ou arar a terra, e todos faziam o trabalho; as crianças recebiam educação com amor e diálogo; um jornal era impresso para divulgar as ideias de não violência. O *ashram* de Gandhi era visitado por pessoas de todo o mundo.

Gandhi permaneceu na África do Sul com a família durante 22 anos, deixando marcas importantes naquela comunidade.

Independência sem sangue

Em 1915, de volta à Índia, Gandhi logo assumiu a liderança do movimento pela libertação do país do jugo da Inglaterra. Começou, então, a aplicar todos os métodos que já havia experimentado na África. Por exemplo, convocava greves nacionais, em que todos permaneciam um dia sem trabalhar, apenas orando, como protesto contra o domínio inglês.

Como a indústria de tecidos inglesa arruinara a indústria indiana, Gandhi pediu à nação que queimasse todos os tecidos ingleses que possuísse e usasse apenas tecidos feitos na Índia. Ele chamava isso de não cooperação: não cooperar com o que se considerava injusto. Com esse movimento, Gandhi incentivou a volta do artesanato local.

Marcha de protesto de mineiros por melhores direitos e condições, liderada por Gandhi em 1913, na fronteira da África do Sul.

Dinodia Photos/Getty Images

Em outra ocasião, Gandhi desafiou o Império Britânico com a "marcha do sal". Entre outras injustiças praticadas contra a Índia, havia o monopólio do sal: apenas a Inglaterra podia produzir e vender sal... e, portanto, cobrar o preço que quisesse.

Universal History Archive/UIG/Getty Images

Mahatma Gandhi na Índia.

Gandhi reuniu milhares de pessoas e andou a pé quatrocentos quilômetros até chegar ao Oceano Índico. Diante da multidão e de câmeras fotográficas de jornais do mundo inteiro, produziu sal, como um ato de desobediência à lei. Depois desse gesto, em todos os recantos da Índia, seguidores de Gandhi passaram a produzir sal.

Album/Fotoarena

Gandhi tecia suas próprias roupas com sua roca: um exemplo de independência. Foto de 1946.

A cada ação organizada por Gandhi, os ingleses enchiam as prisões de rebeldes, mas não conseguiam deter a desobediência dos indianos. O próprio Gandhi esteve na cadeia várias vezes – numa delas, por seis anos. Mas nunca desistiu da ideia de libertar a Índia e nunca apelou para a violência.

FALANDO DE FILOSOFIA

As ideias de Gandhi

Gandhi não pretendia apenas libertar a Índia, mas viver de maneira exemplar ideias que julgava verdadeiras e boas para toda a humanidade, inspiradas principalmente no hinduísmo, sobretudo no livro *Bhagavad Gita*, e no cristianismo, em especial no Sermão da Montanha, do Evangelho de Mateus. Ele amava profundamente Jesus e adotava muitos de seus ensinamentos. Eis, aliás, a primeira característica da sua filosofia: a ideia de que todas as religiões eram verdadeiras e todas continham bons ensinamentos que podiam ser aproveitados; ao mesmo tempo, todas também continham abusos que deveriam ser criticados.

Gandhi admirava Buda, Jesus, Maomé... Ele era o mais tolerante entre os tolerantes e chegava a dizer: "Sou ao mesmo tempo hindu, cristão, muçulmano, judeu...".

A ideia de fraternidade entre as religiões era apenas uma parte de sua proposta de não violência. Ela incluía a piedade pelos animais, e Gandhi era estritamente vegetariano – não comia carne de espécie alguma.

Bettmann Archive/Getty Images

Gandhi faz uma prece na Índia, em 1938.

Outra ideia era sua renúncia a todos os bens materiais. Quando morreu, Gandhi possuía apenas um par de óculos, um par de sandálias, uma túnica e uma bacia. Dizia que possuir mais do que os mais pobres era uma espécie de roubo: enquanto houver alguém no mundo que não tenha o necessário para viver, será injusto que tenhamos coisas supérfluas, das quais não precisamos.

Acima de tudo, a proposta de não violência de Gandhi significava tentar mudar o mundo, tocando a consciência do injusto para que ele enxergasse sua própria injustiça – e, assim, acabar com a injustiça. E mais: nunca punir quem erra, mas tomar para si o sofrimento a fim de despertar o arrependimento de quem errou.

As conquistas e a morte

Foram necessários trinta anos, desde que Gandhi iniciara o movimento, para que a Inglaterra finalmente reconhecesse a independência do povo indiano. Gandhi dizia sabiamente:

O bem viaja com a velocidade de uma lesma. Aqueles que querem praticar o bem não são egoístas, não estão com pressa, sabem que é preciso muito tempo para impregnar as pessoas com o bem. [...]

GANDHI, Mahatma K. *Hind Swaraj or Indian Home Rule*. p. 42. Tradução dos autores. Disponível em: <www.mkgandhi.org/ebks/hind_swaraj.pdf>. Acesso em: 5 mar. 2018.

Entretanto, deu-se um fato doloroso para ele, que era chamado *bapu* (pai) pelo povo de sua terra. Foi decidido, contra sua vontade, que a Índia seria dividida em dois países: a Índia, com a maioria de adeptos da religião hindu, e o Paquistão, com a maioria de adeptos da religião muçulmana.

Essa divisão provocou uma guerra interna entre muçulmanos e hindus, causando a morte de milhares de pessoas no ano de 1947. Foi então que Gandhi jurou fazer jejum até a morte, para que cessassem os conflitos. Passavam-se mais de quinze dias e Gandhi já estava definhando quando muçulmanos e hindus, comovidos, declararam a paz.

Gandhi retornou à vida. Mas foi por poucos dias. Em 30 de janeiro de 1948, ele se dirigia a uma oração pública, amparado por duas sobrinhas. Um jovem aproximou-se, saudou-o e disparou três tiros em seu peito. Gandhi só pôde dizer: "Ó Deus!". O jovem era um hindu, inconformado com a paz.

Sua morte foi rápida, instantânea. Mas o bem que deixou ainda está entre nós, caminhando como lesma, para impregnar todos os seres humanos.

Album/Fotoarena

O funeral de Gandhi, em 31 de janeiro de 1948.

O X DA QUESTÃO

1) Resuma com suas palavras o que você entendeu por não violência.

2) Na sua opinião, Gandhi fracassou ou teve sucesso em seus propósitos? Por quê?

3) Qual foi a maior lição que você tirou da história de vida de Gandhi?

BEBENDO NA FONTE DE GANDHI

Palavras de Gandhi

Sobre as religiões:

As religiões representam caminhos diferentes que convergem num mesmo ponto. Pouco importa se nossos caminhos são diferentes, se chegaremos ao mesmo alvo. Para dizer a verdade, há tantas religiões quanto indivíduos.

Se alguém chega ao coração de sua própria religião, ele se encontra de fato no coração das outras religiões. [...]

Após estudos e muitas experiências, cheguei à conclusão de que:

1) todas as religiões são verdadeiras; 2) todas as religiões contêm em si alguma margem de erro; 3) todas as religiões são para mim quase tão queridas quanto o meu próprio hinduísmo, principalmente na medida em que todos os seres humanos deveriam ser para mim tão queridos quanto meus próprios parentes. Minha veneração pessoal por outros credos é a mesma que dedico à minha própria fé. [...]

Veneração: adoração, amor reverente.

GANDHI, Mahatma. *Tous les hommes sont frères*. Paris: Folio Essais, 1991. p. 114-115. Tradução dos autores.

Sobre Deus:

Para mim, Deus é Verdade e Amor, Ele é o Bem, fonte da moral. Nele, nenhum receio é possível. Dele vêm a Luz e a Vida, portanto ele está acima e além. Deus é a consciência moral. [...] Ele está em nós e além de nós... Ele é indulgente e paciente, mas também irredutível. Para Ele, a ignorância não é uma desculpa. E, ao mesmo tempo, Ele é sempre misericordioso, pois nos dá sempre a oportunidade de nos arrependermos. Ele é o maior democrata que o mundo já conheceu, pois nos permite escolher entre o bem e o mal, Ele não exerce e mínima pressão sobre a nossa liberdade. [...]

GANDHI, Mahatma. *Tous les hommes sont frères*. Paris: Folio Essais, 1991. p. 112. Tradução dos autores.

Sobre a não violência e o amor:

A não violência é uma força ativa da mais elevada ordem. É uma força espiritual, o poder de Deus em nós. Participamos da divindade na medida em que realizamos a não violência.

STERN, Henri (Org.). *Princípios de vida*: Mahatma Gandhi. Rio de Janeiro: Nova Era, 2003. p. 81.

Durante a busca de toda uma vida, dei-me conta de que o amor constitui, em princípio, a melhor abordagem da verdade. Mas também pude constatar que a noção de amor tem vários sentidos, pelo menos na língua inglesa, e que o amor humano, como paixão, pode tornar-se coisa perfeitamente degradante. Eis o que suscita muitas questões, sobretudo porque os partidários do princípio do amor no sentido de não violência (Ahimsa: ausência do desejo de matar ou de fazer violência) são, de fato, em número muito limitado. Em contrapartida, a noção de verdade não se presta nunca ao duplo sentido – e é realmente por isso que os ateus não levantam objeção à necessidade e ao poder da verdade.

STERN, Henri (Org.). *Princípios de vida:* Mahatma Gandhi. Rio de Janeiro: Nova Era, 2003. p. 107-108.

Em uma manifestação na China, em 1989, um único homem consegue impedir o avanço de tanques de guerra se posicionando à frente deles.

Jeff Widener/AP Photo

O QUE VOCÊ ENTENDEU?

1) Com base nos textos anteriores, responda: Qual era, para Gandhi, o maior poder do ser humano?

2) Você concorda com o que Gandhi diz a respeito das religiões? Por quê?

AGORA É COM VOCÊ

Sob a orientação do professor, organizem alguns grupos em sala de aula. Cada grupo deverá escolher um problema (na sociedade, na escola, no bairro, no país) que gostaria de resolver. Depois, planejem uma estratégia de não cooperação e não violência para solucionar o problema. Troquem ideias sobre essas estratégias com os demais grupos.

BEBENDO NA FONTE HINDU

Um livro sagrado dos hindus

Um dos livros mais importantes da religião hindu é o *Bhagavad Gita*, que inspirou Gandhi. Trata-se de um poema que conta o diálogo entre Krishna, a encarnação de Deus, e Arjuna, um jovem príncipe. Arjuna ouve conselhos sábios e lições importantes do grande mestre. Um desses ensinamentos é que toda boa ação deve ser desinteressada.

[...] é digno de ser chamado sábio e nobre aquele que sujeitou os seus sentidos a Deus, pelo amor ardente ao Altíssimo, e expressa o seu reto pensar em reta ação; ele cumpre o seu dever, sem esperar recompensas e, ocupando-se de objetos dos sentidos, não se deixa dominar por eles.

Faze bem o que te compete fazer no mundo, cumpre bem as tuas tarefas; ocupa-te da obra que encontras, para fazê-la o melhor possível: assim será muito bom para ti. Atividade é melhor do que ociosidade. A atividade fortalece a mente e o corpo, e conduz a uma vida longa e normal; a ociosidade enfraquece tanto o corpo como a mente, e conduz a uma vida impotente e anormal, de duração incerta.

Bhagavad-Gîtâ: a mensagem do mestre. 3,7-8. Tradução de Francisco Valdomiro Lorenz. 22. ed. São Paulo: Pensamento, 2006. p. 45.

Krishna serve ao príncipe Arjuna como um cocheiro. Ilustração indiana, século XIX.

Album/Fotoarena/Coleção particular

O QUE VOCÊ ENTENDEU?

O texto refere-se a "sujeitar os sentidos". Isso significa que devemos ter controle sobre os atos gerados pelos sentidos, como comer, beber, desejar alguma coisa. Você concorda com isso? O que pode acontecer com as pessoas que se deixam dominar pelos sentidos?

SESSÃO DE CINEMA

Gandhi

Direção de Richard Attenborough. Estúdios Columbia, 1982.

Vencedor de oito prêmios Oscar, é a mais completa e fiel biografia de Gandhi.

Procure assistir ao filme indicado pensando nesta questão:

Será possível mudar o mundo com os métodos de Gandhi?

DE OLHO NO MUNDO

Vegetarianismo e religião

Mahatma Gandhi foi um grande defensor do vegetarianismo. Acreditava que não temos necessidade de nos alimentar de carne, pois esse tipo de alimentação não é apropriado para a nossa espécie. Afirmava que as pessoas deveriam seguir o princípio da não violência e do amor a Deus, pois a alimentação à base de carne é obtida por meio de violência e de grande crueldade para com os animais. Segundo ele, a única forma de viver é deixar viver.

Não foi apenas Gandhi que relacionou o vegetarianismo à religião. Nas primeiras escrituras da religião védica (da antiga Índia, de pelo menos 3 mil anos atrás) já havia referências ao fato de seus adeptos precisarem se abster de carne.

Embora já houvesse orientações vegetarianas nos textos dos vedas, o filósofo Pitágoras, que viveu há cerca de 2500 anos, é considerado o pai do movimento vegetariano. Por quase 2 mil anos, os europeus chamaram de "pitagóricos" aqueles que mantinham uma alimentação vegetariana. O termo "vegetariano" somente passou a ser utilizado após a fundação da Sociedade Vegetariana Britânica, em 1847.

Algumas das principais religiões do mundo defendem uma alimentação vegetariana. Muitos budistas, seguindo o exemplo da não violência de Buda, que inspirava Gandhi, não aceitam ferir outras criaturas viventes; da mesma forma, os hinduístas.

Entretanto, hoje, o movimento vegetariano e igualmente o vegano (que não admite nada de origem animal, nem mesmo leite e ovos) estão crescendo no mundo todo, sem vínculos com religião alguma. Trata-se de propostas movidas pela compaixão pelos animais e também em prol de uma alimentação mais saudável e natural.

Alamy/Fotoarena

Sacerdote reverencia vaca em ritual.

SESSÃO DE LEITURA

O que sabemos sobre o hinduísmo?

Anita Ganeri. São Paulo: Callis, 2011.

É parte de uma série e, como os demais livros, dá uma boa visão da religião hindu.

Reprodução/Editora Callis

Gandhi, o homem da paz

Dora Incontri. São Paulo: Editora Comenius, 2013.

O livro conta a história de Mahatma Gandhi em poesia.

Reprodução/Editora Comenius

Procure ler os livros indicados e responda às questões:

1. **O que você achou mais interessante no hinduísmo? Explique por quê.**
2. **Você vê relação entre alguma crença hindu e algo em que você acredita? Qual?**

E PARA TERMINAR

Leia a seguir alguns ensinamentos de Jesus no Evangelho de Mateus:

Ouvistes que foi dito: Olho por olho e dente por dente. *Eu, porém, vos digo: Não resistais ao [homem] mau. Pelo contrário, se alguém te esbofeteia na face direita, vira-lhe também a outra. A quem quer conduzir-te ante o juiz para tomar a tua túnica, cede-lhe também o teu manto. Se alguém te força a andar mil passos, anda com ele dois mil. Dá a quem te pede; a quem quer pedir-te emprestado, não vires as costas.*

Ouvistes que foi dito: Amarás o teu próximo *e odiarás o teu inimigo. Eu, porém, vos digo: Amai vossos inimigos e orai pelos que vos perseguem, a fim de serdes verdadeiramente filhos do vosso Pai que está nos céus, pois ele faz nascer o seu sol sobre os maus e os bons, e cair a chuva sobre os justos e os injustos. Pois se amais aqueles que vos amam, que recompensa tereis por isso? [...]*

Mateus 5,38-46. *Bíblia:* tradução ecumênica. São Paulo: Edições Loyola, 1994. p. 1865-1866.

a) Compare as palavras de Jesus com o que você viu neste capítulo sobre Gandhi. Em que as práticas de Gandhi se assemelham aos ensinamentos de Cristo?

b) Quem eram os principais adversários de Gandhi e qual foi sua atitude para com eles? Foi como Jesus recomendou?

> Felizes os que promovem a paz,
> porque serão chamados filhos de Deus.
>
> **Jesus.**
>
> In: Mateus 5,9. *Bíblia de Jerusalém.* São Paulo: Paulus, 2012. p. 1711.

PhotoQuest/Getty Images

Multidão participando de marcha liderada por Martin Luther King em Washington, em 1963.

15

Todos somos iguais

A escravidão dos povos africanos

Durante mais de trezentos anos, muitos africanos foram arrancados de suas terras, na África, por caçadores armados, e levados pelos europeus como escravos para as Américas. Trancados e acorrentados nos porões sujos dos chamados "navios negreiros", muitos morriam no caminho.

Bridgeman Images/Glow Images/Coleção particular

Pintura de um leilão de escravos, 1861.

Quando desembarcavam nas Américas, os africanos tornavam-se propriedade dos brancos por toda a vida. Muitos deles eram surrados, sofriam humilhações e chegavam até a ser mortos. Outros eram tratados como animais domésticos. Cerca de 15 milhões deles foram trazidos às Américas e escravizados. Um dos países que mais receberam escravos foram os Estados Unidos.

Surge um líder

A história que vamos contar se passou nos Estados Unidos, cuja economia se apoiou, nos séculos XVII e XVIII, na exploração da mão de obra escrava, composta por africanos. Muitos cidadãos, porém, não concordavam com isso e, em 1860, houve uma guerra para combater a escravidão: a Guerra de Secessão.

A guerra resultou na libertação dos negros, mas não seria apenas uma lei, abolindo a escravidão, que acabaria com todos os problemas resultantes de anos de exploração. Mesmo em liberdade, a população negra ainda era discriminada e vista como inferior.

Um exemplo dessa discriminação: aos negros restavam os trabalhos que os brancos se recusavam a executar. Além disso, eles não podiam frequentar escolas, restaurantes nem bairros de brancos.

Chegava-se ao extremo de considerar as crianças negras como "retardadas".

A situação se agravou quando, em 1865, alguns brancos da sociedade reuniram-se e criaram um grupo chamado Ku Klux Klan (KKK), que praticava atos terríveis contra os negros: linchava-os, penduravam-os em árvores, incendiava suas casas. Esse grupo trajava estranhas roupas brancas e capuzes em forma de cone. O mais revoltante é que a Ku Klux Klan ainda existe e continua violenta.

The Granger Collection/Fotoarena

Impressão de Isaac Cruikshank em 1792. Mulher escravizada sendo tratada com desprezo e sadismo.

Por muitos anos, os negros da América do Norte sofreram e lutaram por justiça, igualdade e liberdade. Pequenas conquistas foram obtidas, mas ainda havia muito a mudar... Precisavam de alguém que os fizesse acreditar mais em si mesmos, alguém corajoso que os ajudasse de verdade. Um líder, enfim.

Foi então que, em 1929, nasceu em Atlanta, nos Estados Unidos, Martin Luther King Jr. Filho de uma família negra, teve uma infância sofrida, por causa do preconceito. Seu pai afirmava que, se fosse preciso, lutaria até a morte para combater o racismo. O menino admirava a atitude do pai.

Aos poucos, Luther King foi percebendo a separação entre as duas cores. Quando menino, não podia brincar com seus amigos brancos. Já um pouco mais velho, se ia à sorveteria, era obrigado a ficar do lado de fora para ser atendido. Só podia ir à escola acompanhado de crianças negras – com brancos, nem pensar.

Mas o fato mais marcante de sua juventude ocorreu certa noite, quando tinha 15 anos e viajava com seu professor, negro também, num ônibus lotado. Quando dois brancos embarcaram, o motorista mandou que Luther King e o professor se levantassem para lhes dar lugar. Isso o deixou furioso, pois tinha acabado de ser premiado por um trabalho sobre os direitos dos negros e descobria que esses direitos não existiam.

Jovem negro se manifesta contra um grupo da Ku Klux Klan, em 1983, depois de membros dessa seita terem matado um jovem de 20 anos em Miami.

Jean-Louis Atlan/Sygma/Getty Images

Sociologia: ciência que estuda as relações sociais humanas.

Pastor: sacerdote das Igrejas protestantes. Diferentemente do sacerdote católico, pode se casar.

Ainda aos 15 anos de idade, Luther King entrou em uma das melhores faculdades negras do país. (Os afrodescendentes não podiam cursar as universidades dos brancos.) Cursou Sociologia, mas decidiu depois ser pastor evangélico e cursar Teologia. Conheceu a história e as ideias de um homem que o fascinou e no qual decidiu inspirar-se: Gandhi.

Luther King casou-se com Coretta Scott, que viria a se tornar sua grande companheira de todas as lutas. Com ela, foi trabalhar como pastor numa igreja batista em Montgomery, no Alabama.

Seu trabalho começava muito cedo, às 5h30 da manhã. Ele ajudava as famílias necessitadas e tratava dos problemas que os negros enfrentavam com leis injustas e também com as leis que deveriam garantir seus direitos, mas não eram cumpridas: as primeiras tinham de ser mudadas; as segundas tinham de ser respeitadas.

Luther King começava a se tornar um grande orador. Muita gente ia à sua igreja porque se sentia elevada e inspirada pelas belas coisas que ele dizia.

Robert Abbott Sengstacke/Getty Images

Coretta Scott discursando sobre a liberdade e os direitos civis dos negros, em 1965. Do lado esquerdo, seu marido, Martin Luther King; do lado direito, o cantor Harry Belafonte.

Bettmann Archive/Getty Images

Martin Luther King sendo recebido pelo papa Paulo VI, no Vaticano, em 1964.

O herói da não violência

O prestígio de Luther King ficava cada vez maior, até que um dia, em 1955, houve um incidente com uma jovem costureira negra chamada Rosa Parks. Ao sair do trabalho e pegar um ônibus, ela viu que todos os assentos do fundo – destinados aos negros – estavam lotados. Notou, então, um lugar vazio no meio do ônibus e sentou-se, mas sabia que, se um branco chegasse, teria de se levantar.

Quando entraram no ônibus três brancos, dois se sentaram e um ficou em pé. O motorista pediu a Rosa que se levantasse e cedesse o lugar, mas ela se recusou a fazê-lo porque estava cansada.

Diante da recusa, o motorista ameaçou chamar a polícia. Rosa respondeu: "Então, prenda-me!" O motorista desceu e chamou um policial... E o guarda a prendeu.

Esse incidente foi a gota d'água para que Martin Luther King começasse sua grande luta. Os negros e também alguns brancos que consideravam aquela situação injusta decidiram que mais nenhum negro tomaria ônibus. Isso faria com que a notícia da luta contra o racismo chegasse a todos os americanos e também diminuiria os lucros das empresas de ônibus. Ou seja, eles veriam que o racismo, além de desumano e contrário à lei, ainda trazia prejuízo financeiro. E prejuízo é algo que nenhuma empresa quer ter, pois o mais importante para elas é o lucro – às vezes até mais do que o ser humano.

Bettmann Archive/Getty Images

Rosa Parks viaja na parte da frente de um ônibus, um ano após o incidente que viria a mudar a lei, em 1956.

O movimento cresceu. Os pastores divulgavam a notícia, distribuindo panfletos. As pessoas iam ao trabalho de táxi, de carona ou a pé. Formou-se uma associação e Luther King foi eleito líder.

Eles queriam que a lei fosse modificada em três pontos: 1º) os motoristas deveriam tratar os passageiros negros com respeito; 2º) a ordem de sentar era de quem chegasse primeiro, com os negros começando pelo fundo e os brancos pela frente; 3º) a empresa teria de contratar motoristas negros para os ônibus que passassem por bairros negros.

The Abbott Sengstacke Family Papers/
Robert Abbott Sengstacke/Getty Images

Coretta Scott e Luther King em passeata a favor dos direitos civis dos negros, na década de 1960.

A luta pela justiça havia começado nos Estados Unidos, mas os brancos não aceitaram tudo pacificamente. O prefeito da cidade colocou a polícia contra os manifestantes. O próprio Luther King recebeu muitas ameaças de morte e até uma bomba foi atirada em sua casa.

Porém, assim como Jesus e Gandhi, Luther King entendia que se devem perdoar as agressões e não reagir, combatendo o ódio com amor:

[...] A violência traz apenas vitórias temporárias. Ela apenas cria novos problemas sociais e nunca traz a paz permanente. [...]

KING JR., Martin Luther. *Strength to Love*. Filadélfia: Fortress Press, 1981. p. 18. Tradução dos autores.

Leonard Freed/Magnum Photos/Fotoarena

Em 1963, manifestante negro conversa com um padre durante uma manifestação em Washington em favor dos direitos dos negros, que contou com mais de 250 mil pessoas.

Sem violência, mas com coragem, o movimento continuou e os brancos, enfim, foram obrigados a aceitar as reivindicações. Os negros podiam voltar a usar os ônibus. O sucesso incentivou outras comunidades negras a protestar. Luther King era agora conhecido e solicitado em todo o país.

Os jornais, o rádio e a televisão divulgavam e apoiavam a proposta de Luther King e muito do sucesso do movimento deveu-se a isso. É uma prova de que, quando a imprensa decide lutar pelo que é justo, pode ajudar a sociedade a ser melhor.

A partir do exemplo de Luther King, surgiram diversos movimentos estudantis, entre eles "os viajantes da liberdade", que reuniam brancos e negros viajando pelo país afora. Numa das viagens, em 1961, durante uma manifestação contra o racismo, eles encontraram membros da Ku Klux Klan que estavam armados. Os estudantes, seguindo os conselhos de King, não usaram de violência, mas foram espancados pelos brancos da Ku Klux Klan.

Apesar dos sacrifícios, os estudantes conseguiram uma vitória: o governo dos Estados Unidos acabou com a separação entre brancos e negros nos terminais de ônibus e nas lanchonetes, e passou a haver mais igualdade no trabalho, embora até hoje persistam desigualdades naquele país. A não violência havia conquistado muita coisa. Mas ainda havia outras a conquistar.

O X DA QUESTÃO

Cite as semelhanças entre a vida e a prática de Martin Luther King e de Gandhi.

BEBENDO NA FONTE DE LUTHER KING

Ele tinha um sonho

No dia 28 de agosto de 1963, Martin Luther King fez um discurso que se tornou famoso por seu apelo de justiça e liberdade. Ele estava diante de milhares de pessoas, negras e brancas, na capital dos Estados Unidos, Washington, tendo acima a estátua de Abraham Lincoln – o presidente americano que lutara contra a escravidão. Eis alguns trechos:

Eu estou contente em unir-me com vocês no dia que entrará para a história como a maior demonstração pela liberdade na história de nossa nação.

Cem anos atrás, um grande americano, em cuja simbólica sombra estamos, assinou a Proclamação de Emancipação. Esse importante decreto veio como um grande farol de esperança para milhões de escravos negros que tinham murchado nas chamas da injustiça. Ele veio como uma alvorada para terminar a longa noite de seus cativeiros.

Mas cem anos depois, o Negro ainda não é livre.

Cem anos depois, a vida do Negro ainda é tristemente inválida pelas algemas da segregação e as cadeias de discriminação.

Cem anos depois, o Negro vive em uma ilha só de pobreza no meio de um vasto oceano de prosperidade material. [...]

De certo modo, nós viemos à capital de nossa nação para trocar um cheque. Quando os arquitetos de nossa república escreveram as magníficas palavras da Constituição e a Declaração da Independência, eles estavam assinando uma nota promissória para a qual todo americano seria seu herdeiro. Esta nota era uma promessa que todos os homens, sim, os homens negros, como também os homens brancos, teriam garantidos os direitos inalienáveis de vida, liberdade e a busca da felicidade. Hoje é óbvio que aquela América não apresentou esta nota promissória. Em vez de honrar esta obrigação sagrada, a América deu para o povo negro um cheque sem fundo, um cheque que voltou marcado com "fundos insuficientes".

Mas nós nos recusamos a acreditar que o banco da justiça é falível. Nós nos recusamos a acreditar que há capitais insuficientes de oportunidade nesta nação. Assim nós viemos trocar este cheque, um cheque que nos dará o direito de reclamar as riquezas de liberdade e a segurança da justiça. [...]

Mas há algo que eu tenho que dizer ao meu povo que se dirige ao portal que conduz ao palácio da justiça. No processo de conquistar nosso legítimo direito, nós não devemos ser culpados de ações de injustiças. Não vamos satisfazer nossa sede de liberdade bebendo da xícara da amargura e do ódio. Nós sempre temos que conduzir nossa luta num alto nível de dignidade e disciplina. Nós não devemos permitir que nosso criativo protesto se degenere em violência física. Novamente e novamente nós temos que subir às majestosas alturas da reunião da força física com a força de alma.

Bettmann Archive/Getty Images

Luther King profere seu famoso discurso "Eu tenho um sonho", em 1963.

Segregação: separação, isolamento.

Prosperidade: riqueza.

Nota promissória: título de compromisso de pagamento.

Degenere: perca qualidades, piore.

Alamy/Fotoarena

Monumento em homenagem a Luther King em Washington.

Nossa nova e maravilhosa combatividade mostrou à comunidade negra que não devemos ter uma desconfiança para com todas as pessoas brancas, para muitos de nossos irmãos brancos, como comprovamos pela presença deles aqui hoje, vieram entender que o destino deles é amarrado ao nosso destino. Eles vieram perceber que a liberdade deles é ligada indissoluvelmente a nossa liberdade. Nós não podemos caminhar sós. [...]

Eu digo a você hoje, meus amigos, que embora nós enfrentemos as dificuldades de hoje e amanhã. Eu ainda tenho um sonho. [...]

Eu tenho um sonho que um dia esta nação se levantará e viverá o verdadeiro significado de sua crença – nós celebraremos estas verdades e elas serão claras para todos, que os homens são criados iguais.

Eu tenho um sonho que um dia nas colinas vermelhas da Geórgia os filhos dos descendentes de escravos e os filhos dos descendentes dos donos de escravos poderão se sentar junto à mesa da fraternidade. [...]

Eu tenho um sonho que minhas quatro pequenas crianças vão um dia viver em uma nação onde elas não serão julgadas pela cor da pele, mas pelo conteúdo de seu caráter. Eu tenho um sonho hoje!

Eu tenho um sonho que um dia, [...] meninos negros e meninas negras poderão unir as mãos com meninos brancos e meninas brancas como irmãs e irmãos. [...]

E quando isto acontecer, quando nós permitirmos o sino da liberdade soar, quando nós deixarmos ele soar em toda moradia e todo vilarejo, em todo estado e em toda cidade, nós poderemos acelerar aquele dia quando todas as crianças de Deus, homens pretos e homens brancos, judeus e gentios, protestantes e católicos, poderão unir mãos e cantar nas palavras do velho spiritual *negro:*

"Livre afinal, livre afinal.

Agradeço ao Deus todo-poderoso, nós somos livres afinal."

KING JR., Martin Luther. *Eu tenho um sonho*. Disponível em: <www.dhnet.org.br/desejos/sonhos/dream.htm>. Acesso em: 6 mar. 2018.

Gentios: pagãos.

O QUE VOCÊ ENTENDEU?

1) Como Luther King se referiu aos brancos? O que isso indica sobre o modo como ele queria que negros e brancos se relacionassem?

2) Ainda hoje, há muito racismo nos Estados Unidos, mas não só lá. No Brasil também. Você já identificou isso em nosso país? Como?

Um sonho que não acabou

Luther King queria lutar pelo direito do negro ao voto. Em outubro de 1964, ele recebeu um dos prêmios mais importantes do mundo: o Nobel da Paz. No dia 21 de março de 1965, milhares de pessoas saíram às ruas para reivindicar o direito ao voto. Ele dizia que estavam em marcha rumo à terra da liberdade e que nenhuma agressão poderia detê-los. E conseguiram o que queriam!

O trabalho de Luther King nunca parava: em abril de 1968, foi a Memphis ajudar os trabalhadores negros na luta por salários iguais aos dos brancos. Falou de sua esperança de um mundo novo e disse que a não violência deveria ser sempre a única arma na luta. A felicidade brilhava nos olhos da multidão.

Mas, naquela noite, Luther King saiu no terraço do hotel onde estava hospedado. De repente, ouviu-se um tiro. Ele rodopiou e caiu no chão.

Assim morreu o herói da não violência. Mas seu sonho não morreu. Continua se realizando aos poucos, nos Estados Unidos, no Brasil, no mundo.

Nesses dois países, os negros continuam tendo menos oportunidades do que os brancos e sofrem muito mais violência. Moram em bairros periféricos, são a maioria da população carcerária e são os que mais morrem nas mãos da polícia. Então, embora Martin Luther King tenha contribuído para muitos avanços, ainda há muito a ser feito.

Jack Garofalo/Paris Match/Getty Images

Garoto chora junto ao caixão de Luther King. Mais de 50 mil pessoas compareceram ao funeral.

EU COMIGO

"Como posso, também, dar minha contribuição, ajudando as pessoas de todas as origens a se respeitar e se amar como irmãos?"

O X DA QUESTÃO

1) Cite outras pessoas que morreram por alguma causa e escreva que causas foram essas.

2) O que lhe pareceu mais interessante na história de Luther King? Justifique.

FALANDO DE HISTÓRIA

Escravidão e resistência

A escravidão é uma prática antiga que foi revivida após a tomada de novas terras pelos colonizadores europeus. A colonização se deu em todos os continentes do mundo, mas, nas Américas, foram os indígenas e os negros trazidos da África que sofreram essa injustiça.

Os índios foram os primeiros escravizados pelos colonizadores. Com o tempo, a mão de obra indígena foi substituída pela africana, pois os índios resistiam à escravidão com guerras, fugas e recusa ao trabalho. Muitos também morriam porque contraíam as doenças dos brancos, para as quais seu organismo não tinha defesa. Segundo o historiador Boris Fausto, só no Brasil, entre os anos de 1562 e 1563, morreram em torno de 60 mil índios.

Os europeus achavam conveniente tirar os negros da África e levá-los para serem escravos nas suas colônias da América. A atividade de captura e transporte dos negros para as Américas chamava-se "tráfico negreiro" e era bastante lucrativa. Os traficantes estabeleciam com os chefes tribais africanos um comércio baseado na troca de tecidos, joias, armas, tabaco, cachaça por africanos capturados em guerras com tribos inimigas.

Calcula-se que, entre 1550 e 1855, entraram nos portos brasileiros cerca de 4 milhões de africanos pertencentes a diferentes tribos e que eram, na sua maioria, jovens do sexo masculino. Como reação à escravização, eram constantes os atos de resistência – fugas, tentativas de assassinato, suicídios.

Havia também a formação de quilombos, lugares escondidos de resistência. Destes, o mais importante, que se tornou símbolo da resistência negra contra a escravidão no Brasil, foi o Quilombo dos Palmares, liderado por um escravo de Alagoas. Criado por um padre, ele fugira aos 15 anos e adotara o nome de Zumbi, que significa "guerreiro".

Desenho de Carlos Julião (1740-1811), representando um escravo sendo examinado por feitores.

Zumbi não demorou a assumir o comando militar do quilombo. No ano de 1678, não aceitou um acordo com as autoridades coloniais e provocou uma guerra. Lutou contra os portugueses por catorze anos. Porém, em 1694, o Quilombo dos Palmares foi destruído e Zumbi teve de fugir, vindo a morrer em uma emboscada.

Nos Estados Unidos, país de Luther King, a escravidão acabou em 1863, após a Guerra de Secessão. No Brasil, a princesa Isabel assinou a abolição da escravatura em 1888. Em ambos os países, os negros foram libertados, mas isso não significou que os brancos passaram a respeitá-los.

Nos Estados Unidos, a vida social dos negros era bastante limitada e eles sofriam muito com o racismo. No Brasil, o preconceito também era muito forte. Hoje, em nosso país, é proibido por lei tratar alguém de forma diferente pelo fato de a pessoa ser de outra cor. Mesmo assim, há gente que ainda faz isso.

Zumbi, tela de Antônio Parreiras (1860-1937).

Por outro lado, ainda existe escravidão em vários países. Milhares de pessoas, incluindo crianças, continuam a ser compradas, vendidas, transportadas e mantidas em cativeiro contra a sua vontade para serem usadas como mão de obra, vivendo em condições miseráveis. Muitas são as nações do mundo que atuam no combate à escravidão moderna.

NO DIA A DIA

Laís é uma menina negra que foi adotada por uma família branca. Estuda em uma escola de classe alta, em um bairro luxuoso de São Paulo, onde só há crianças brancas. Laís se sente isolada e se acha feia. Não gosta de seu cabelo e fica incomodada por ser diferente. Sua família a trata muito bem, sem nenhuma discriminação, mas alguns colegas já demostraram racismo.

Pense nisto: Se Martin Luther King encontrasse Laís, o que diria à menina?

DE OLHO NO MUNDO

Leilão de escravos na Líbia causa indignação em toda a África

Jovens africanos na rota migratória para a Europa, vendidos em leilões como escravos, surrados, sequestrados em troca de resgate. Isso há anos acontece na Líbia. Organizações sociais e as próprias vítimas já denunciaram várias vezes, com pouca repercussão. Entretanto, um vídeo contando como funciona esse mercado de seres humanos, divulgado [...] pela rede CNN, gerou uma onda de indignação na África.

Os presidentes da África ocidental, a região de origem da maior parte dos migrantes, reagiram com firmeza. O primeiro foi Mahamadou Issoufou (Níger), que solicitou uma investigação ao Tribunal Penal Internacional e convocou seu embaixador na Líbia para consultas. Idêntica decisão tomou Roch Kaboré (Burkina Faso), junto com um apelo às autoridades líbias para que atuem. O Governo senegalês exigiu uma investigação pelo que o presidente malinês, Ibrahim Boubacar Keita, denominou de "barbárie que interpela a consciência de toda a humanidade". Todos solicitaram à União Europeia, à União Africana e às Nações Unidas que intervenham de uma vez.

Até o secretário-geral das Nações Unidas, António Guterres, declara-se "horrorizado" e não descarta a possibilidade de processar os responsáveis por crimes contra a humanidade. "A escravidão não tem lugar em nosso mundo", disse Guterres [...], "isto nos recorda da necessidade de abordar os fluxos migratórios de maneira global e humana [...] e reforçar a cooperação internacional para reprimir os atravessadores e traficantes, e para proteger os direitos de suas vítimas". O Governo de unidade nacional da Líbia anunciou a abertura de um inquérito.

A sociedade civil africana também elevou a voz. Os mais midiáticos foram os jogadores de futebol que atuam na Europa, encabeçados por Geoffrey Kondogbia, atleta do Valencia de origem centro-africana, que neste domingo, durante um jogo contra o Espanyol, ostentou uma camiseta com os dizeres: "Futebol à parte, não estou à venda". Da Inglaterra, o franco-guineano Paul Pogba, astro do Manchester United, pedia em seu perfil do Twitter "que esta crueldade acabe". Tanto Pogba como Cheick Doukouré, jogador do Levante, comemoraram seus gols com um gesto expressivo, unindo seus antebraços como se estivessem atados.

No Twitter, as hashtags *#stopslavery e #StopEsclavageEnLibye ("parem a escravidão" e "parem a escravidão na Líbia") estão aglutinando as mensagens de uma campanha que foi sendo orquestrada aqui e ali, sob a liderança de artistas, intelectuais e ativistas que criticam a Líbia, mas também a União Europeia, acusada de cumplicidade com o regime desse país africano, "eleito como sócio encarregado de assegurar a fronteira sul da Europa", segundo um manifesto assinado, entre outros, pelos cantores Tiken Jah Fakoly, Salif Keita e Angelique Kidjo, pelo ator Omar Sy, pelo ciberativista Cheik Fall, pelo escritor Alain Mabanckou e pelo ex-tenista Yannick Noah. "Senhores presidentes, estamos estupefatos por seu silêncio", afirmou o conhecido cantor de* reggae *Alpha Blondy há alguns dias.*

[...] cerca de mil pessoas saíram às ruas de Paris sob o lema "não à escravidão na Líbia", enquanto os países começam a adotar medidas. Seguindo o conselho da União Africana, a Costa do Marfim decidiu repatriar no fim de semana 155 migrantes que estavam retidos em um centro de detenção de Zouara, no oeste da Líbia. Os jovens, incluindo 89 mulheres e vários menores de idade, desembarcaram [...] no aeroporto de Abidjã e se beneficiarão de programas de ajuda financiados pela União Europeia.

NARANJO, José. Leilão de escravos na Líbia causa indignação em toda a África. *El País*, Dacar, 23 nov. 2017. Disponível em: <https://brasil.elpais.com/brasil/2017/11/22/internacional/1511352092_226137.html>. Acesso em: 6 mar. 2018.

Hani Amara/Reuters/Fotoarena

Migrantes aguardam após terem sido resgatados no mar da Líbia, em 2017.

AGORA É COM VOCÊ

1) Você já sentiu preconceito por alguém, em razão de essa pessoa ser diferente de você? Que diferença era essa?

2) Depois de conhecer a história de Martin Luther King, você mudou seu modo de pensar e sentir em relação ao que respondeu na questão 1?

FALANDO DE PENTECOSTALISMO

O pentecostalismo

O protestantismo se divide em dois grandes ramos: o protestantismo histórico e o protestantismo pentecostal. São exemplos de Igrejas protestantes históricas a luterana, a presbiteriana, a batista e a metodista.

O movimento religioso de que Martin Luther King participou nos Estados Unidos pertence ao protestantismo histórico. Nessas Igrejas, todos os batizados são considerados sacerdotes. A Bíblia é vista como a única autoridade, sem a necessidade da interpretação de um sacerdote, e as Igrejas não estão submetidas a nenhuma hierarquia, isto é, classificação de autoridades.

O protestantismo pentecostal nasceu nos Estados Unidos, a partir de uma separação da Igreja metodista, na cidade de Los Angeles, em 1906.

De acordo com Francisco Cartaxo Rolim, estudioso do pentecostalismo, as igrejas pentecostais eram formadas principalmente por negros, o que de certa forma os empoderava, pois falavam línguas, cantavam, praticavam um culto mais participativo e mais alegre, com as músicas que criavam para as orações. Se, de um lado, muitos brancos criticaram esse formato de protestantismo por considerarem excessivamente afro, os negros o interpretavam como um novo Pentecostes para a reunião das raças.

Pentecostes: passagem bíblica em que os apóstolos, depois da ressurreição e ascensão de Jesus, falam línguas e recebem o Espírito Santo. Por extensão, as manifestações do Espírito Santo nas igrejas são chamadas de pentecostais.

Fiéis se preparam para cerimônia de batismo em igreja pentecostal no Harlem, Nova York, Estados Unidos, 1934.

Bettmann Archive/Getty Images

No início, o movimento pentecostal funcionava como uma resistência social por parte dos negros. Porém, seu crescimento foi tão rápido, principalmente nos países em desenvolvimento, que essa característica se perdeu. Curiosamente, embora os primeiros pentecostais tenham sido cristãos negros, atualmente, no Brasil, o pentecostalismo combate sobretudo as heranças da cultura negra: o candomblé e a umbanda.

E PARA TERMINAR

1) Leia com atenção o poema abaixo, do poeta africano Viriato da Cruz (1928-1973), e responda às questões:

Mamã negra (Canto de esperança)

Tua esperança, minha Mãe – drama vivo duma Raça
drama de carne e sangue
que a Vida escreveu com a pena dos séculos.
[...]
Vozes vindas dos canaviais dos arrozais dos cafezais dos seringais dos algodoais...
Vozes das plantações da Virgínia
dos campos das Carolinas
Alabama
Cuba
Brasil...
Vozes dos engenhos dos banguês das tongas dos eitos das pampas das usinas
Vozes do Harlem District South
Vozes das senzalas
Vozes gemendo blues, subindo o Mississipi, ecoando dos vagões.
[...]
Vozes de toda a América. Vozes de toda a África.
[...]

CRUZ, Viriato da. *Mamã negra (Canto de esperança)*. Disponível em: <http://vermelho.org.br/noticia/31722-1>. Acesso em: 6 mar. 2018.

Banguês: tabuleiros usados em engenho de cana-de-açúcar.

Tongas: campos aráveis, lavoura.

Eitos: roças onde trabalhavam escravos.

***Blues*:** gênero musical dos negros norte-americanos.

a) Qual é a ideia principal do poema?

b) No poema, é citado um bairro de Nova Iorque, nos Estados Unidos, onde até há pouco tempo só viviam negros: o Harlem. No Brasil temos isso também? Que tipo de separação existe aqui?

2) Este é o último capítulo do nosso livro. Vamos, então, concluir o ano letivo com a seguinte tarefa: consulte novamente todos os capítulos e resuma cada um deles com uma palavra-chave, ou seja, uma palavra que indique o que de mais importante o capítulo ensinou.

Reprodução/Steve McQueen/Buena Vista International

SESSÃO DE CINEMA

12 anos de escravidão

Direção de Steve McQueen. River Road Entertainment, 2013.

História verídica de um negro norte-americano, que era livre, no século XIX, mas que foi escravizado durante doze anos. Mostra como era a vida dos escravos nas fazendas do sul dos Estados Unidos.

Procure assistir ao filme indicado pensando sobre esta questão:
Como podem os brancos resgatar a dívida que têm com os negros?

> Preserva a fidelidade, ama o aprender, defende o bom caminho com a tua vida. [...]

Confúcio.

In: *TEXTOS Clássicos Chineses*: Lunyu, ou Conversações de Confúcio. Disponível em: <www.hudsonwillian.com.br/index.php?option=com_content&view=article&id=95:textos-classicos-chineses-lunyu-ou-conversacoes-de-confucio&catid=34:artigos&Itemid=71>. Acesso em: 6 mar. 2018.